AUGMENTER VOTRE INFLUENCE SUR LES MÉDIAS SOCIAUX SUR FACEBOOK.

Augmenter votre influence sur les médias sociaux sur Facebook.

Série "Influence des médias sociaux
Par : Aaron Cockman
Version 1.1 ~Novembre 2021
Publié par Sherry Lee sur KDP
Copyright ©2021 par Sherry Lee. Tous droits réservés.

Aucune partie de cette publication ne peut être reproduite, distribuée ou transmise sous quelque forme ou par quelque moyen que ce soit, y compris la photocopie, l'enregistrement ou d'autres méthodes électroniques ou mécaniques ou par tout système de stockage ou de récupération de l'information, sans l'autorisation écrite préalable des éditeurs, sauf dans le cas de très brèves citations incorporées dans des critiques et de certaines autres utilisations non commerciales autorisées par la loi sur le droit d'auteur.

Tous droits réservés, y compris le droit de reproduction totale ou partielle sous quelque forme que ce soit.

Toutes les informations contenues dans ce livre ont été soigneusement recherchées et vérifiées quant à leur exactitude factuelle. Toutefois, l'auteur et l'éditeur ne garantissent pas, de manière expresse ou implicite, que les informations contenues dans ce livre conviennent à chaque individu, situation ou objectif et n'assument aucune responsabilité en cas d'erreurs ou d'omissions.

Le lecteur assume le risque et l'entière responsabilité de toutes ses actions. L'auteur ne sera pas tenu responsable de toute perte ou dommage, qu'il soit consécutif, accidentel, spécial ou autre, pouvant résulter des informations présentées dans ce livre.

Toutes les images sont libres d'utilisation ou achetées sur des sites de photos de stock ou libres de droits pour une utilisation commerciale. Pour ce livre, je me suis appuyé sur mes propres observations ainsi que sur de nombreuses sources différentes, et j'ai fait de mon mieux pour vérifier les faits et accorder le crédit qui leur est dû. Dans le cas où du matériel serait utilisé sans autorisation, veuillez me contacter afin que l'oubli soit corrigé.

Bien que l'éditeur et l'auteur aient fait tout leur possible pour s'assurer que les informations contenues dans ce livre étaient correctes au moment de l'impression et bien que cette publication soit conçue pour fournir des informations précises sur le sujet traité, l'éditeur et l'auteur n'assument aucune responsabilité pour les erreurs, inexactitudes, omissions ou autres incohérences contenues dans ce document et déclinent toute responsabilité envers toute partie pour toute perte, tout dommage ou toute perturbation causés par des erreurs ou des omissions, que ces erreurs ou omissions résultent d'une négligence, d'un accident ou de toute autre cause.

Cette publication est conçue comme une source d'informations précieuses pour le lecteur, mais elle n'est pas destinée à remplacer l'assistance directe d'un expert. Si un tel niveau d'assistance est requis, il convient de faire appel aux services d'un professionnel compétent.

Contenu

Introduction..6

Chapter no.1...8

Social media influence..8

What are social media influencers?...................................9

Types of social media influencers include:........................9

Impact of social media...11

What is Facebook?...11

Chapter no.2...14

Choose the right social platform...................................14

Facebook..14

Analyze your competitors..16

Chapter no.3...20

A Positive Influence on Facebook..................................20

Top 10 Ways to Influence Facebook...............................23

Chapter no. 4..32

How to Grow Your Facebook Presence..........................32

The Right Way to Grow Your Facebook Presence...........32

How to grow Facebook following in 2022: 9 essential steps...39

Chapter no.5...50

Successful Facebook Influencer.....................................50

How to use Facebook analytics to assess the success of your approach..61

Chapter no.6...64

Use Facebook's Influencer Marketing to Your Advantage.......64

How Does Facebook Influencer Marketing Work?...................65

Finding Influencers on Facebook………………………………………66

Ideas for Influencer Marketing on Facebook…………………………68

Chapter no.7……………………………………………………………………71

Ideas for Facebook Influencer Marketing……………………………71

1. Promoting Giveaway Contests………………………………………71

2. Using Facebook Ads to Expand the Audience for Influencer Campaigns……………………………………………………72

3. Sharing Experiences through Facebook Live…………………73

4. Cross-Promoting Campaign from Other Platforms………..75

5. Standing Up for a Cause………………………………………………76

6. Telling Stories Using Videos…………………………………………76

Ready to Get Started with Facebook Influencer Marketing?..78

How to Find Facebook Influencers………………………………………79

Conclusion:……………………………………………………………………85

Introduction.

Les médias sociaux ont tous changé les interactions des gens, la façon dont les entreprises font des affaires et la façon dont les dépenses publicitaires sont dépensées. Alors que les plateformes de médias sociaux gagnaient en popularité au cours de la dernière décennie, Facebook Inc. (FB) s'est hissée au sommet du classement, dépassant ses rivaux Twitter Inc. (TWTR) et LinkedIn Corporation en termes d'utilisateurs et de revenus. Au 24 janvier 2022, la capitalisation boursière de Facebook était de 781 milliards de dollars, avec plus de 2,74 milliards d'utilisateurs mensuels actifs et la publicité mobile représentant 98,5 % du revenu total de l'entreprise en 2019. Par rapport à LinkedIn (250 millions de MAU) et Twitter (100 millions de MAU), Facebook possède un avantage concurrentiel grâce à son énorme quantité d'utilisateurs actifs mensuels (330 millions de MAU). Selon un récent sondage réalisé par The Manifest, site web d'actualités commerciales et de conseils pratiques, Facebook est la destination la plus populaire des utilisateurs pour faire des achats, par rapport aux autres réseaux de médias sociaux. Même si le sentiment anti-Facebook, comme le mouvement #DeleteFacebook, continue de gagner du terrain, cette tendance persiste. Les consommateurs sont plus susceptibles d'acheter auprès d'une marque qu'ils suivent sur Facebook (52 %) que sur Instagram, YouTube, Pinterest, Twitter, LinkedIn, Snapchat et Reddit réunis (48 %).

Selon certains experts en marketing numérique, cela est dû à la position de Facebook en tant que plus grand réseau social du monde et à son algorithme de ciblage. "Facebook est un réseau de médias sociaux hérité que de nombreuses générations utilisent", a déclaré Andrew Clark, stratège marketing chez Duckpin, une entreprise de marketing numérique. "Le formatage des posts attire sans aucun doute des individus ayant une intention d'achat plus élevée, car il tend à contenir du contenu long." Grâce aux médias sociaux, les personnes et les entreprises peuvent communiquer plus efficacement, développant ainsi de véritables connexions avec les clients. Ainsi, 67 % des individus ont acheté après avoir vu une publicité sur les médias sociaux. "Les gens se sentent liés à une entreprise sur les médias sociaux, et ils font confiance à une marque", a déclaré Scott Levy, PDG de Fuel Online, une société de référencement et de marketing numérique. "L'essentiel est d'apporter de la valeur aux gens, et non d'utiliser les médias sociaux comme une plateforme de vente." En produisant des publicités et en interagissant avec des influenceurs, les marques peuvent se construire une solide présence sur les médias sociaux. Cela peut contribuer à accroître la reconnaissance de la marque et à attirer de nouveaux clients.

Aujourd'hui, les gens utilisent les médias sociaux pour interagir différemment avec différentes marques, et ils attendent des marques qu'elles leur rendent la pareille. Si les médias sociaux peuvent être un outil de marketing et de vente efficace, ils peuvent également être essentiels pour fournir un service clientèle de qualité et fidéliser les clients. La plupart des clients se connectent aux marques sur les médias sociaux en aimant leurs publications (51 %), ce qui ne nécessite pas de réponse. Cependant, répondre aux personnes qui laissent des avis (31 %), mentionnent les entreprises sur leur profil (22 %), envoient des messages directs aux marques (20 %) et tweetent à l'intention des marques (18 %) peut permettre de fidéliser les clients. "Les médias sociaux agissent comme un outil de marketing. Ils servent également d'outil de service à la clientèle", a déclaré Melissa Orozco, PDG de l'agence de relations publiques Yulu, basée à New York. Si les médias sociaux sont un outil essentiel de service à la clientèle et de marketing, les experts conseillent aux entreprises de tenir compte de la plateforme qu'elles choisissent et de leur public cible lors de l'élaboration d'une stratégie de médias sociaux.

Chapitre no.1

L'influence des médias sociaux.

L'influence des médias sociaux est une expression marketing représentant la capacité d'un individu à influencer la pensée d'autres personnes dans une communauté sociale en ligne. Plus l'influence d'une personne est grande, plus elle est attrayante pour les entreprises ou les autres personnes qui cherchent à promouvoir une idée ou à vendre un produit. Les entreprises peuvent utiliser l'influence des médias sociaux pour accroître la notoriété de la marque, les ventes de stocks et l'engagement des consommateurs. Elles peuvent y parvenir en exécutant un plan de marketing axé sur l'élargissement de leur impact sur les médias sociaux ou en recrutant des influenceurs connus et fiables dans le domaine.

Mesurer l'influence des médias sociaux.

L'influence peut être mesurée au niveau le plus élémentaire en examinant la taille des réseaux sociaux d'une personne, tels que les connexions LinkedIn, les followers Twitter ou les amis Facebook. Cependant, déterminer comment une personne établit des relations sociales, qui sont ces relations et le degré de confiance entre la personne et ses relations nécessite une enquête plus approfondie. Certains experts recommandent d'utiliser des méthodes d'évaluation de l'influence sociale. Klout est l'un de ces outils, qui attribue un score numérique à une personne en fonction de son comportement en ligne sur les principaux sites de réseaux sociaux. D'un autre côté, d'autres professionnels du secteur ont émis des réserves quant à la précision des mesures de Klout, soulignant que ce dernier ne suit pas toutes les sortes d'activités en ligne. Un article de blog d'un auteur réputé, par exemple, pourrait toucher un public limité mais soigneusement ciblé et donc avoir plus d'influence qu'un simple tweet envoyé à des milliers de personnes.

Qu'est-ce qu'un influenceur de médias sociaux?

Un utilisateur qui s'est forgé une réputation dans une activité ou un type de contenu spécifique et qui a accès à un large public est un influenceur de médias sociaux. Un influenceur doit disposer d'un public suffisamment large et d'une autorité suffisante pour lancer une conversation et inciter les gens à prendre des mesures ou à modifier leur comportement. Les entreprises peuvent faire appel à des influenceurs de médias sociaux pour les aider à accroître leur audience sur les médias sociaux, à se faire connaître et à soutenir leurs produits et services.

Les types d'influenceurs de médias sociaux comprennent:

- **Influenceurs de célébrités:** Il s'agit des influenceurs les plus connus, car leur statut de célébrité leur a permis d'obtenir un large public. Diverses célébrités attirent des groupes démographiques et des publics cibles particuliers. Les entreprises qui souhaitent atteindre des groupes démographiques et des publics cibles spécifiques peuvent faire appel à un influenceur célèbre pour promouvoir ou soutenir leur produit auprès de leurs partisans.

- **Influenceurs de consommateurs:** Il s'agit de personnes ordinaires qui ont gagné en popularité grâce à leur personnalité et à leur facilité d'accès. Ils sont généralement actifs sur les médias sociaux en publiant des textes, en bloguant ou en partageant des photos. Comme leur public les trouve "authentiques" ou "attachants", il est plus enclin à écouter leurs conseils, par exemple lorsqu'ils recommandent un service.
- **Micro-influenceurs:** également connus sous le nom d'influenceurs experts, sont des personnes ordinaires qui ont développé une audience et une autorité d'actualité grâce à leur expertise dans un domaine particulier. Lorsqu'ils louent ou recommandent un produit, leur marché cible est plus enclin à leur faire confiance.
- **Blogueurs professionnels:** Les vlogueurs et les photographes sont des exemples de créateurs de contenu. Leurs responsabilités incluent la création de nouveaux contenus que les gens voudront lire régulièrement. En envoyant des marchandises à un créateur de contenu dans le cadre de la stratégie marketing d'une entreprise, on peut espérer qu'il évaluera le produit et en fera la promotion auprès de ses followers. La rédaction d'articles sponsorisés pour leur site est une autre solution.

Les entreprises doivent réfléchir à plusieurs choses avant d'engager un influenceur. La première est de savoir si le message de l'influenceur est compatible avec celui de l'entreprise et s'il est pertinent pour le même marché cible. Le deuxième facteur est le degré d'engagement de l'influenceur envers son public. Il faut aussi voir dans quelle mesure l'influenceur est digne de confiance pour son public. Enfin, évaluez la portée de l'influenceur ou le nombre de ses adeptes, car cela peut aider à prévoir le retour sur investissement (ROI).

Impact des médias sociaux.

Les médias sociaux ne vont que se renforcer en tant que moyen de communication et de divertissement. Par conséquent, les plateformes sociales ne peuvent que se renforcer à mesure que le nombre de leurs membres augmente. En conséquence, les impacts suivants des médias sociaux sur la société sont apparents:

- Sensibilisation aux points de vue et aux questions sociales, éthiques, environnementales et politiques.

- Diffuser rapidement et efficacement le matériel pédagogique
- Créer de nouvelles options de marketing pour les entreprises.
- Développer de nouvelles voies par lesquelles les entreprises peuvent trouver, recruter et embaucher du personnel.
- Augmenter le nombre de relations sociales entre les individus et les groupes.
- Créer de nouveaux emplois dans le secteur des médias sociaux et du conseil.
- Fournir un forum pour les conversations de groupe et l'échange d'idées.

Qu'est-ce que Facebook?

Facebook est un service de réseau social qui permet aux utilisateurs de se connecter avec leurs amis, leur famille, leurs collègues de travail, d'autres personnes et des groupes de personnes partageant les mêmes intérêts. Les utilisateurs peuvent envoyer à leurs amis des photos, des vidéos, des articles et des réflexions. Les entrepreneurs doivent d'abord comprendre en quoi il diffère des autres plateformes de médias sociaux pour tirer le meilleur parti de Facebook. Lorsque les réseaux de médias sociaux ont été lancés, ils se sont concentrés sur l'expression individuelle ; cependant, Facebook a encouragé le développement de relations pour favoriser une communauté en ligne interconnectée. Les entreprises peuvent utiliser les médias sociaux pour communiquer avec leurs consommateurs et leur public cible sur les changements d'horaires, les ventes et les promotions, les nouvelles offres de produits, les photos de marchandises, etc. Lorsque vous publiez de nouvelles informations, les personnes qui suivent votre page reçoivent une notification instantanée et peuvent les partager avec leur réseau ou un groupe d'amis spécifique en un seul clic. Les fans peuvent laisser des commentaires et vous envoyer des messages directs sur votre page. En dialoguant avec ces adeptes et en répondant à leurs demandes, vous pouvez transformer immédiatement un consommateur potentiel en client fidèle. Étant donné que leurs contacts peuvent voir quelles marques ils suivent, même les adeptes de votre marque qui ne partagent pas vos mises à jour sont des soutiens publics. D'autres réseaux, tels que Twitter, qui permet aux entreprises de diffuser des informations ou de courts textes de 240 caractères maximum, peuvent servir des objectifs différents. Néanmoins, Facebook a créé le plus grand nombre de fonctionnalités de tous les réseaux. Cette diversité expose les entreprises à une large base de consommateurs et leur permet de s'engager auprès d'eux de diverses manières.

POINT IMPORTANT: Le point le plus crucial est que Facebook a été la première plateforme de médias sociaux à connaître un succès à long terme. Elle expose les entreprises à un public large et diversifié tout en offrant un ensemble complet de fonctionnalités par rapport aux autres réseaux de médias sociaux.

Chapitre no.2.

Choisissez la bonne plateforme sociale.

Avant toute chose, reconnaissez que le simple fait qu'un réseau social existe ne signifie pas que vous devez l'utiliser. Il serait utile que vous déterminiez d'abord s'il est judicieux pour votre entreprise d'être présente sur la plateforme, qui l'utilise et comment il l'utilise. Peut-on supposer que votre public cible utilise tous les canaux de médias sociaux disponibles ? La réponse est presque certainement non. Par conséquent, votre marque doit être présente sur la ou les plateformes que vos clients utilisent. Peu importe que vous ayez un excellent contenu et une présence très active sur Facebook si votre buyer persona n'y est pas aussi présent.

Regardons de plus près ce qu'est Facebook.

Facebook.

Il est impossible de nier que Facebook reste la plateforme de médias sociaux dominante. Avec plus de 2,5 milliards d'utilisateurs actifs, il n'est pas étonnant que la rétention des internautes sur le site soit une préoccupation majeure. Pour aider ses utilisateurs à accomplir davantage sur le site sans le quitter, Facebook a introduit plusieurs nouvelles fonctionnalités ces dernières années. Il s'agit notamment des nouveaux groupes Facebook et des services de diffusion vidéo en direct, ainsi que d'une plateforme publicitaire améliorée (nous y reviendrons). Je comprends ce que vous pensez... "Cependant, mon entreprise est unique, et ces nouveaux services sont inefficaces pour moi." Nous ne pourrions pas nous vendre sur Facebook car notre public ne pourrait pas y trouver nos produits." Même si votre public cible n'utilise pas Facebook pour le travail, il est probable qu'il l'utilise pour des raisons personnelles - peut-être pour s'évader mentalement de son lieu de travail. À cet égard, vous pouvez toujours être trouvé et faire impression.

Par exemple, SurveyMonkey a publié sur Facebook un excellent article sur l'utilisation des enquêtes pour développer des publicités, des logos et des emballages réussis en utilisant des chiots (toujours une victoire à mes yeux). Il est pertinent, accrocheur et fournit une proposition de marque conviviale.

Analysez vos concurrents.

Analyser votre concurrence est une chose que vous devriez faire régulièrement en marketing, ce qui est valable pour les médias sociaux. Quels canaux de médias sociaux utilisent-ils ? Quel type d'informations diffusent-ils ? À quelle fréquence partagent-ils ? Comprendre les stratégies de médias sociaux de vos concurrents et leur implication pourrait vous aider à créer une feuille de route pour ce que vous devriez faire également. Plus important encore, l'étude de vos concurrents vous aidera à identifier les moyens de vous démarquer en tant que marque aux yeux des clients cibles que vous convoitez.

Facebook a été fondé il y a une dizaine d'années, mais il est devenu beaucoup plus visible et important dans la vie de la plupart des gens que quiconque aurait pu l'imaginer. Il s'est transformé en une version plus raffinée du bouche-à-oreille traditionnel - et les entreprises tentent de l'exploiter comme tel. Voici cinq conseils pour vous aider à accroître votre influence sur Facebook.

1. Connaître votre présence en ligne.

La quasi-totalité des organisations, des organismes caritatifs, des entreprises et des particuliers disposent désormais d'un canal de médias sociaux (ou devraient en disposer). Toutefois, pour tirer le meilleur parti de votre présence en ligne, vous devez être en mesure de répondre à trois questions clés:

- Quel est l'état de ma présence en ligne ? Par exemple, nous avons eu des clients qui ne connaissaient pas leurs nombreux flux Twitter, LinkedIn et Facebook et qui envoyaient des messages contradictoires.
- Quels sont les sites de médias sociaux les mieux adaptés à mes fans et à mon public ? Par exemple, Vine, un site de partage de vidéos de six secondes, est idéal pour le programme du WWF sur les espèces menacées, mais pas tellement pour le travail de soutien des Samaritains.

Comment évaluons-nous notre influence sur Internet ? Sommes-nous en train de suivre et d'évaluer où vont les visiteurs sur notre site, qui retweete, et combien de commentaires nous recevons sur nos articles (et, plus important encore, combien de personnes ont reçu ces informations ? La plupart des plates-formes offrent des capacités de suivi du nombre de fois où vos pages ou articles ont été consultés, du nombre de clics par minute que vous avez reçus, du matériel le plus célèbre (aimé), etc.

2. Reconnaître les méthodes les plus efficaces pour influencer les groupes essentiels de personnes.

Une fois que vous avez identifié le canal le plus efficace pour atteindre votre public cible, vous devez choisir la meilleure stratégie pour l'influencer par ce biais. Devons-nous créer des articles, des films ou des images, ou utiliser des jeux, des pétitions ou d'autres méthodes pour faire participer notre public cible ? Tenez-les au courant du nombre d'actions qu'ils ont entreprises et du temps qu'ils ont investi jusqu'à présent.

3. Produisez du contenu partageable. Faites en sorte qu'il soit facile de le faire!

Facebook permet aux utilisateurs de partager du matériel, ce qui facilite l'interaction avec les films de campagne, les infographies, les vidéos virales, les affiches et autres médias de la manière la plus populaire possible. Comme il est difficile de se démarquer sur les médias sociaux, vous devez consacrer toute votre énergie créative à la création de photos pertinentes pour promouvoir vos publications et augmenter les chances de partage. Assurez-vous que votre matériel n'est pas trop dense ou long et que les gens peuvent le comprendre et le partager facilement (et le posséder). Pourquoi ne pas composer un morceau de texte partageable pour accompagner vos publications - un contenu de 140 caractères à retweeter?

4. Évitez de démarrer et d'arrêter votre campagne.

Lorsque vous débutez sur une chaîne, faites participer votre public en publiant fréquemment des informations. Présentez vos projets et vos succès précédents, l'impact que vous avez eu jusqu'à présent, votre "storyboard" ou votre personnalité - en communiquant de cette manière, vous susciterez l'engagement de votre public. Tenez vos consommateurs et vos clients bien informés en restant à la pointe du flux d'informations. Toutefois, ne les ennuyez pas.

5. Enfin, déléguez le travail fastidieux à quelqu'un d'autre!

Les partenaires concernés utiliseront volontiers votre contenu, alors gardez cela à l'esprit lorsque vous créez votre campagne et ajustez votre plan. Il se peut que vous soyez un partenaire de confiance dans cette initiative, et que vous puissiez exploiter des réseaux susceptibles de toucher immédiatement 1,5 million d'individus, par exemple si vous travaillez avec O2 Priority Moments. Supposons qu'il puisse développer le soutien et l'engagement d'une manière significative et pertinente.

" Touch Yourself" pour la sensibilisation au cancer du sein est l'une des meilleures campagnes sociales caritatives et environnementales de l'année précédente.

Les magazines Women's Health et Men's Health ont lancé une campagne en octobre 2012 pour promouvoir l'identification précoce du cancer par le biais d'autocontrôles des anomalies mammaires. Une application Facebook a été créée pour encourager les gens à s'autocontrôler et à partager une sélection de 14 cartes postales pré-écrites avec leurs amis. C'est le roi des campagnes, une illustration fantastique de l'utilisation des canaux sociaux ; le canal principal était Facebook, avec du matériel à partager qui engageait le public cible et des moyens d'encourager les amis à faire de même.

Chapitre no.3.

Une influence positive sur Facebook.

Voulez-vous que les gens vous connaissent, vous aiment et vous fassent confiance sur Facebook ? Voulez-vous que vos efforts en matière de médias sociaux se traduisent par davantage de clients et de ventes ? Lorsque vous publiez sur Facebook, une approche permet de s'assurer que ces deux éléments exercent consciemment une influence positive. Cette astuce présente cinq considérations cruciales à prendre en compte lors de l'établissement d'une présence sur Facebook, qui auront un impact significatif sur l'influence de vos followers. Qu'il s'agisse de votre profil personnel ou professionnel, vous ne savez jamais qui le lit et prend une décision à votre sujet - doit-il vous apprécier ? Doivent-ils avoir confiance en vous ? Doit-il en apprendre davantage sur vous ? Que vous le vouliez ou non, l'image de marque personnelle joue un rôle énorme dans les médias sociaux. Quelqu'un se fait une opinion de vous en 5 secondes, qu'elle soit favorable, nuisible ou neutre. Tout ce que vous dites, faites, écrivez et êtes sur les médias sociaux laisse une impression sur quelqu'un d'autre.

Voici cinq stratégies pour avoir un impact plus positif sur vos followers Facebook:

1. Utilisez une photo de profil professionnelle.

Vérifiez que vous avez une photo professionnelle de vous-même sur tous vos profils de médias sociaux, et pas seulement un selfie de vacances. Votre photo peut être plus décontractée sur votre profil, mais sur votre page, elle doit être plus professionnelle.

2. Faites attention à ce que vous publiez.

Lorsqu'il s'agit d'avoir un impact favorable sur les autres, il ne s'agit pas seulement de la façon dont vous apparaissez ; il s'agit aussi de ce que vous publiez. Parce que ce que vous êtes a un effet direct sur les autres, réfléchissez aux questions suivantes concernant votre style d'affichage:

- Est-ce une bonne ou une mauvaise chose ? Je vous conseille vivement de vous concentrer sur les aspects positifs de votre situation plutôt que de dénigrer quelqu'un ou quelque chose d'autre pour faire valoir votre point de vue. Avant de vous prononcer contre quelqu'un ou quelque chose, assurez-vous d'avoir des faits exacts. Une histoire a toujours deux côtés. Vous pouvez toujours exprimer vos préoccupations, mais faites-le de manière factuelle et impartiale plutôt que de fulminer.

- Suis-je encourageant ou dédaigneux et critique ?
- Est-ce que je me plains ou est-ce que je propose une solution ?
- Est-ce que je contribue à la mentalité de terreur avec ce post, ou suis-je une voix de la raison ?
- S'agit-il d'un jugement ou d'une attitude positive?

Et si vous aimez poster de nombreux sujets politiques ou liés à des débats parce qu'ils vous tiennent à cœur, soyez passionné par ces sujets, mais comprenez que vous ne plairez pas à tout le monde, et vous devez l'accepter. Soyez sûr de ce en quoi vous croyez, et n'ayez pas peur de vous exprimer.

3. Adopter un style de communication positif.

Votre style de communication a un impact significatif et direct sur les personnes avec lesquelles vous communiquez et sur votre capacité à les influencer. Voici quelques points à retenir lorsque vous interagissez avec des personnes sur Facebook:

    a. **Aider les autres.**
        i. Recherchez les occasions de transmettre votre sagesse et votre

expérience dans vos domaines de compétence.
   ii. Ne faites pas de publicité. Soyez simplement utile et partagez ce que vous savez de manière constructive.
  b. **Montrez votre soutien aux autres en aimant, en commentant et en partageant les publications des personnes qui vous suivent.**
   i. Féliciter les autres pour leurs réalisations.
   ii. Encouragez vos disciples lorsqu'ils sont dans le besoin.
   iii. Orientez les autres vers ceux qui ont besoin d'aide dans les domaines où vous ne pouvez pas intervenir. Votre prévenance ne passera pas inaperçue.

4. Choisissez des amis de même sensibilité.

Avec le grand nombre de faux profils et d'escrocs qui se cachent sur Facebook de nos jours, il est toujours bon de faire quelques recherches avant d'accepter une demande d'ami. Seules les personnes qui partagent leurs pensées et leur honnêteté devraient être suivies en retour. Entrez en contact avec des personnes qui partagent le même hobby, la même philosophie ou la même idéologie que vous.

5. Il ne s'agit pas que de vous.

Gardez à l'esprit que si Facebook a été créé en premier lieu. Ce n'est pas pour faire de l'argent ou vendre nos produits. C'est pour interagir avec les autres et former des amitiés et des relations positives. Donc, lorsque vous êtes sur Facebook, exprimez votre gratitude, votre admiration, votre compréhension et votre compassion pour les autres. Cette stratégie aura un impact bien plus favorable sur la façon dont les gens vous perçoivent, vous et votre entreprise. Plus vous vous concentrez sur les gens, plus vous développerez une relation de "connaissance, d'appréciation et de confiance" avec eux, ce qui conduira à une augmentation du succès de l'entreprise par le biais de pistes, de ventes et de recommandations.

Les 10 meilleures façons d'influencer Facebook.

Les gens peuvent désormais partager et rester connectés grâce aux médias sociaux modernes. Contrairement aux médias traditionnels, où seules quelques célébrités avaient une grande base de fans, tout le monde peut participer. Au cours des dix dernières années, Facebook a connu une croissance exponentielle, modifiant la façon dont les gens se connectent. Facebook a ouvert la voie à l'émergence de Twitter, Instagram et Pinterest. Il ne s'agit plus seulement d'entrer en contact avec les gens sur les médias sociaux. Il s'est transformé en une vaste plateforme sociale permettant de faire des achats, de cuisiner, de faire du marketing, de faire des rencontres, d'exprimer des opinions politiques, sociales et économiques, etc.

Les médias sociaux peuvent faire ou défaire des entreprises et même des relations. Les médias sociaux ont un impact si important qu'ils peuvent être utilisés pour le marketing, l'activité économique et comme plateforme pour exprimer ses opinions. Par conséquent, nous devons exercer une influence sur les médias sociaux actuels pour obtenir les meilleurs résultats. D'après les chiffres ci-dessus, 23 % des spécialistes du marketing de marque élaborent des tactiques pour influencer les médias sociaux, mais ils échouent toujours. Environ 15 % des clients utilisent les médias sociaux pour rechercher des entreprises locales. Est-il possible que ces chiffres augmentent ? Les spécialistes du marketing de marque seront-ils en mesure de réussir dans leurs efforts ? Nous parlerons de l'impact efficace de Facebook et utiliserons la plateforme pour nous engager encore plus auprès de notre cible démographique.

1. Partagez ce que vous aimez ou fournissez un contenu précieux à votre public sur Facebook.

Vous avez passé des heures à rédiger un article fantastique et des centaines de révisions jusqu'à ce que le produit final soit complet. Cependant, il vous reste encore un long chemin à parcourir. Vous devez commercialiser votre matériel là où se trouve le public cible. Téléchargez votre travail sur Internet. Oui, cliquez sur "partager". Le bouton "Partager" possède des capacités magiques. Il peut diffuser votre travail à un public beaucoup plus large que celui qui vous suit sur les médias sociaux. Si l'information est intéressante, les individus la partageront avec leurs réseaux, touchant ainsi un public plus large. Nous ne pouvons pas obliger les gens à partager notre contenu. Ce sera à notre travail de parler de lui-même. Par conséquent, le contenu doit être pertinent et significatif. Gardez toujours à l'esprit votre public cible lorsque vous partagez du contenu. Le contenu/la marque doit être diffusé(e) dans le réseau de médias sociaux approprié. Selon une analyse mondiale, Facebook représente 56 % des mécanismes de partage de contenu. Les adolescents et les enfants sont les groupes de partage les plus actifs.

Conseils rapides pour que votre contenu Facebook soit "partagé"

1. Rendez votre matériel convivial.

2. Créez des titres intrigants - Utilisez des mots-clés et des titres clairs et concis.

3. Créez des listes numérotées et des "pourquoi" pour piquer l'attention du consommateur.

2. Utilisez le pilote social pour poster de manière cohérente.

De nombreuses plateformes de médias sociaux, telles qu'Instagram, Facebook, LinkedIn, Google Plus, Twitter et autres, ont saturé le paysage des médias sociaux. Le simple fait de se connecter et de se déconnecter peut être une entreprise considérable. Nous passons parfois à côté de réseaux essentiels lorsque nous partageons du contenu. Social Pilot est un outil fantastique qui vous permet de synchroniser tous vos comptes de médias sociaux. L'enregistrement d'un compte Social Pilot et la liaison de tous vos comptes de médias sociaux sont les seules étapes nécessaires. Après avoir programmé à l'avance toutes vos publications sur les médias, vous pouvez créer une seule publication et la soumettre à plusieurs forums à la fois. Son marquage personnalisé sur Facebook comprend une fonction expressive qui renforce la visibilité de votre article de blog sur Facebook. "Publié par votre marque" peut être remplacé par "publié par Social Pilot". Cela permet non seulement d'augmenter votre base de fans mais aussi d'offrir à votre entreprise une image authentique. Dans la catégorie Internet et télécom/réseaux sociaux, Social Pilot est classé #692. Vous pouvez suivre vos publications, gérer plusieurs comptes de médias sociaux et programmer du contenu pour différents fuseaux horaires. Lorsque vous publiez du contenu au bon moment, il a un impact beaucoup plus important. Lorsque vous êtes à court d'idées de contenu, Social Pilot vient à la rescousse. Il s'agit d'un outil en ligne fantastique pour les blogueurs et les spécialistes du marketing de contenu qui cherchent à faire une impression sur leur public.

3. Concentrez-vous sur une seule stratégie de marketing Facebook.

C'est fantastique de pondre des articles et de les publier régulièrement sur les réseaux de médias sociaux. Cependant, si vous faites trop de choses à la fois, vous risquez de paraître trop enthousiaste. N'essayez pas de travailler dans le vide. Comprenez ce que veut votre marché cible, générez du contenu de qualité, élaborez une stratégie marketing et lancez-vous. Passer d'un plan marketing à l'autre n'est pas une bonne idée. L'expression "Le contenu est roi" est connue depuis longtemps. Par conséquent, concentrez-vous sur votre contenu. Ajoutez des statistiques, des citations, des photos, des liens, des infographies et d'autres références aux informations pour les rendre plus précieuses.

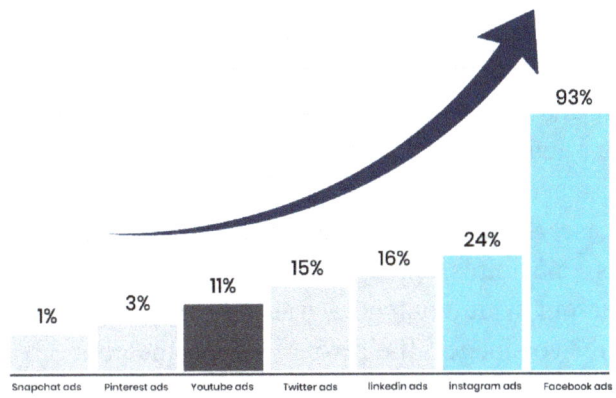

Voici les trois principaux facteurs qui rendent le matériel efficace:

- Pertinence par rapport au public cible (58%)
- Récit intéressant et convaincant (57 pour cent)
- Initie une réaction/commentaire/discussion (54 pour cent)

Pour avoir un impact sur Facebook, concentrez-vous sur ces trois variables. Créez une stratégie pour la page Facebook et ne créez que du matériel pour les canaux connexes. En tant qu'influenceur, vous devez comprendre précisément ce que veut votre public et élaborer votre contenu de manière à attirer l'attention.

4. Disposez d'un réseau solide au sein de votre propre communauté.

Les célébrités, auteurs et autres personnalités répondent à leurs fans Facebook en public. Vous pouvez également offrir des messages personnalisés à vos admirateurs pour créer un lien plus fort avec eux. Créez d'excellentes publications sur Facebook pour développer votre base de fans. Faites participer votre public et tenez compte de ses commentaires. Incorporez leurs suggestions aux endroits appropriés. Produisez un meilleur matériel en réponse à leurs attentes et à leurs demandes. Les meilleurs spécialistes du marketing de votre marque viendront de votre base de fans. Tenter de créer une base dans des endroits aléatoires peut aboutir à une impasse. Ils distribueront votre contenu à d'autres personnes en dehors de votre voisinage. Ils seront les promoteurs les plus enthousiastes de votre matériel.

5. Accordez aux gens le crédit et la reconnaissance qui leur reviennent.

Votre marché cible vous adore. Ils attendent avec impatience votre prochain lancement ou votre prochaine sortie. Mais leur donnez-vous le crédit qu'ils méritent ? Un influenceur Facebook aura un impact sur son public et restera dans leur esprit. Montrez toujours votre reconnaissance pour leurs compliments. Gagnez la confiance de votre public en créant un lien avec lui. En tant que promoteur de marque, vous pouvez utiliser des concours en ligne pour piquer l'intérêt de votre public cible. Offrez aux lauréats des cadeaux réfléchis et sincères. Menez des activités personnelles afin que vos fans forment un réseau enthousiaste autour de vous. Il existe des outils comportementaux en ligne qui permettent aux influenceurs d'évaluer le comportement de leur public.

6. S'abonner au flux des meilleurs blogs.

Même si l'activité la plus importante sur les médias sociaux n'a rien à voir avec vous, si vous êtes "socialement à l'écoute", vous pourriez être en mesure de modifier la situation en votre faveur. L'un des services de blogs les plus agressifs est Tumblr. Des passionnés de tous horizons s'y retrouvent pour publier et partager leurs œuvres d'art. Vous pouvez suivre et vous abonner à n'importe lequel de ces blogs en fonction de vos préférences. Les blogs les plus populaires reçoivent le plus de trafic, ce qui permet de partager davantage de commentaires, de conversations, de plaintes et d'idées. Et qui sait, peut-être serez-vous le premier à saisir une opportunité ! Nous avons tous entendu l'expression "bonne personne, bon endroit, bon moment". Certains des meilleurs blogs de marketing internet ne se concentrent pas simplement sur un seul sujet ; ils couvrent un large éventail de questions. Si vous vous abonnez à un blog de haute qualité comme HubSpot, Blue Glass ou KISS metrics, vous pouvez avoir un impact significatif sur les résultats de Facebook.

7. Persistence.

L'internet est inondé d'une quantité insondable d'informations. En outre, la capacité d'attention de l'être humain est d'à peine 8 secondes au total. Par conséquent, la "survie du plus fort" est la seule option possible. En tant que spécialiste du marketing de marque/contenu, il vous incombe de maintenir l'intérêt des lecteurs pour vos blogs et articles. Les marques et les professionnels du marketing doivent continuellement renouer le contact avec leurs clients en créant une grande quantité de contenu. Bien entendu, ces informations doivent être pertinentes pour la base de fans. Publiez vos articles. Cependant, Facebook a toujours le dessus en termes de chiffres. Il compte 1,5 milliard de membres mensuels et est le site de réseau social le plus populaire. Continuez donc à poster jusqu'à ce que les gens soient obligés d'y prêter attention!!

8. Participer à des événements locaux et nationaux.

Il est incroyable de voir comment certaines personnes ont des milliers de fans sur Facebook. Le potentiel d'une personne à influencer un public s'est élargi à mesure que les réseaux sociaux se sont renforcés. Par conséquent, si nous devenons des acteurs actifs, nous pouvons avoir un impact significatif sur les médias sociaux modernes. SouthbayPavillion utilise le concept d'intégration de tweets en direct dans les événements. Il utilise un style d'écriture unique et attrayant pour devenir un "sujet tendance" sur Twitter.

Les concours et autres événements sociaux peuvent devenir viraux s'ils sont correctement annoncés. Participez à des forums en ligne, des groupes de discussion et des webinaires. Ces événements peuvent s'avérer cruciaux pour changer la dynamique de votre marque. L'objectif est d'attirer l'attention des personnes concernées.

9. Soyez à jour, avertis, et utilisez les terminologies des mots# Hashtags, Emojis, et plus encore

Les emojis sont la chose la plus adorable jamais inventée sur Internet. Ces icônes ont commencé à gagner en popularité auprès du public en ligne parce qu'elles étaient amusantes, vivantes et joyeuses. a reconnu la popularité des emojis et a créé le hashtag emoji. Depuis que le premier #hashtag# a été posté sur Facebook, aucune discussion entre adolescents, amis ou followers n'est complète sans lui.

Les promotions par hashtag de Red Bull et de Coke étaient toutes deux passionnantes. Ces efforts ont été très efficaces pour influencer les médias sociaux. Sur Facebook, les gens ont utilisé le hashtag #Share a Coke pour partager leurs histoires de réussite. C'était un engouement qui a fini par s'étendre à tout le monde. Les #Hashtags, #emojis et autres acronymes Internet (#des centaines#) sont des moyens formidables de partager des informations incroyables qui ont un impact sur les plateformes de réseaux sociaux modernes comme Facebook.

10. Soyez authentique.

Gagner l'estime du public est l'approche la plus acceptable pour l'influencer. Lorsqu'il s'agit de partager sur les médias sociaux, soyez distinctif, créatif et différent. Soyez vous-même. Les médias sociaux modernes sont devenus une partie bien plus importante de nos vies que nous ne l'imaginions au début du siècle. Incorporez des images, des vidéos et d'autres médias dans votre contenu pour maintenir l'intérêt des lecteurs. Vous êtes sur la bonne voie si vous produisez des articles engageants, exempts de plagiat et qui captent l'attention de vos lecteurs. Votre voix sera celle qui retiendra l'attention de votre public cible.

Chapitre no. 4

Comment développer votre présence sur Facebook.

La bonne façon de développer votre présence sur Facebook.

Une présence forte, voire fantastique, sur Facebook peut contribuer à la croissance de votre entreprise comme les fleurs sauvages. Mais ce n'est qu'après avoir construit un public important et appris à lui donner exactement ce qu'il veut que cela se produira. Voici d'excellentes techniques permettant à tout propriétaire d'entreprise ou spécialiste du marketing de renforcer sa présence sur Facebook et de contribuer à la croissance de son entreprise.

1. **Faites une liste de vos buts et objectifs.**

L'identification de vos buts et objectifs est la première étape du développement de votre présence sur Facebook. Cela signifie qu'avant de commencer à bloguer, assurez-vous de savoir ce que vous poursuivez. Si vous comprenez le fonctionnement de chaque plateforme, qui est votre public cible et où il se trouve, vous serez en bonne voie pour atteindre vos objectifs.

2. **Indiquez clairement que vous êtes un être humain.**

Donnez à vos spectateurs un aperçu de votre côté humain. Pour que cela fonctionne, vous devez être souvent actif sur les médias sociaux. Assez souvent, en fait ! Notez que partager un lien n'équivaut pas à espérer que quelqu'un lise ou clique sur votre article. Cela implique de se montrer et de communiquer avec tout le monde. Répondez aux messages de votre public et engagez le dialogue avec lui lorsqu'il se montre intéressé. Montrez-leur qui vous êtes et ils auront envie de lire d'autres de vos articles ou de visiter votre site Web, car ils se sentiront plus proches de vous.

3. Reconnaître leurs besoins.

Comprendre les exigences de votre public vous permettra de communiquer avec lui à un niveau plus personnel. Savoir ce qu'ils aiment lire et ce en quoi ils croient vous aidera à déterminer ce que vous devez leur présenter. Une fois que vous aurez compris cela, vous pourrez leur fournir tout ce qu'ils désirent, notamment en les dirigeant vers votre site Web pour en savoir plus sur votre entreprise.

4. Rendez les icônes visibles sur votre site Web.

Veillez à inclure les emblèmes des réseaux de médias sociaux sur votre site web. Ceux qui vous lisent auront plus de facilité à se connecter avec vous si vous le faites. Faites en sorte qu'ils puissent vous contacter facilement plutôt que de les obliger à vous rechercher.

5. Connectez votre profil Facebook.

Connectez vos comptes Facebook ou autres médias sociaux à votre profil. Vous voudrez créer un lien vers votre site web à partir de vos profils, tout comme vous voudrez créer un lien vers votre site web à partir de vos profils afin que les visiteurs puissent en savoir plus sur votre entreprise.

6. Tout le monde devrait le savoir.

Vos comptes Facebook devraient être partagés avec toutes les personnes que vous connaissez. Ne soyez pas spammy, mais n'ayez pas peur d'offrir vos informations. Ils sauront que vous êtes sur Facebook si vous faites cela, et ils pourront partager vos publications avec leurs amis. C'est un moyen facile de faire passer le message.

7. Développer une stratégie Facebook intégrée.

Vous devez vous assurer que chaque réseau de médias sociaux que vous utilisez a un objectif. L'établissement d'un calendrier marketing vous y aidera. Créez un calendrier pour tous vos événements à venir, vos articles de blog et tout ce que vous décidez de faire avec votre entreprise. Cela vous aidera à rester organisé et à comprendre comment chacun de vos profils de médias sociaux peut aider votre entreprise à atteindre de nouveaux marchés.

8. Produisez du contenu à forte valeur ajoutée.

Dans certains cas, vous voudrez publier simultanément du contenu de qualité sur votre blog et sur vos sites de réseaux sociaux. Pour attirer et fidéliser davantage de clients et de revenus, il faut disposer du meilleur contenu.

Tout le monde devrait être impliqué.

Vous voulez interagir avec les personnes qui laissent des commentaires sur vos sites Facebook. Cela signifie que vous devez toujours répondre à ce que les autres ont à dire. Montrez-leur que vous êtes intéressé par ce qu'ils ont à dire en leur faisant savoir que vous écoutez et lisez ce qu'ils ont à dire. Ensuite, offrez-leur davantage de ce qu'ils veulent pour qu'ils continuent à poster sur vos sites.

9. Améliorer les performances de vos comptes Facebook.

L'utilisation de mots-clés pour optimiser vos comptes Facebook est indispensable. Soyez précis dans les termes que vous utilisez. Tenez compte des requêtes de recherche de vos consommateurs et incluez-les dans vos publications.

10. Utilisez les hashtags.

Les hashtags sont populaires de nos jours. Tout le monde les utilise pour augmenter le nombre de visiteurs qui se rendent sur leur site ou lisent leurs publications. L'utilisation de hashtags sur Facebook vous aidera à attirer plus de monde sur vos comptes de médias sociaux et votre site Web, mais faites attention à la façon dont vous les utilisez. Ne terminez pas chaque publication par 15 hashtags qui n'ont aucun lien entre eux.

11. Incluez des icônes de médias sociaux dans vos courriels.

Considérez ceci : vous envoyez des courriels toute la journée. Si vous incluez des symboles de réseaux sociaux dans votre courriel, les destinataires sont plus susceptibles de se montrer curieux et de visiter vos pages et, éventuellement, votre site web. Il s'agit d'une stratégie fantastique pour développer votre audience sur les médias sociaux.

12. Offrez un avantage à votre public.

Votre public appréciera que vous lui offriez un avantage. Les visiteurs de votre profil social sur Facebook se demandent ce qu'ils vont y gagner. Montrez-leur en leur offrant quelque chose de gratuit - n'importe quoi qui les incitera à rejoindre votre entreprise en établissant une relation de confiance ou en suscitant leur intérêt. Envisagez de leur offrir un essai gratuit, un livre gratuit, un bon de réduction, ou simplement d'aimer leur page. Cela vous aidera à gagner des adeptes précieux qui continueront à s'engager avec vous.

13. Branchez-vous.

N'utilisez pas seulement Facebook, Twitter, Pinterest, Google+ et Instagram. Il existe une multitude de plateformes de réseaux sociaux différentes parmi lesquelles vous pouvez choisir. Il peut s'agir de sites de bookmarking social, de revues sociales, etc. Vous pouvez également utiliser Foursquare pour mettre à jour votre emplacement et faire savoir à vos clients où vous êtes. Il n'y a pas que les grandes entreprises qui sont concernées par les réseaux sociaux.

14. Utiliser des jeux.

Les gens aiment répondre aux questions et avoir raison. L'utilisation de jeux de trivia pour augmenter le nombre de likes, de followers et le trafic est une excellente approche pour accroître l'engagement et attirer de nouveaux consommateurs. Il est également possible de s'amuser beaucoup avec cette méthode!

15. Postez régulièrement à un taux confortable.

Il est exaspérant de visiter l'un de vos blogs préférés et de découvrir qu'il n'a pas été mis à jour depuis longtemps. Cela implique que vous devez poster fréquemment et à un rythme confortable. Si nécessaire, vous pouvez toujours planifier vos publications à l'avance pour éviter de laisser votre public dans l'expectative.

16. Essayez de ne pas externaliser.

Essayez de publier sur vos propres comptes Facebook. Cela vous donnera une apparence naturelle. Si vous décidez d'externaliser, assurez-vous que la personne a une voix comparable à la vôtre.

17. Faites vos recherches.

Chaque entreprise aura une expérience unique de Facebook ; par exemple, un restaurant aura une stratégie complètement différente de celle d'un magasin de voitures d'occasion. Prenez le temps d'étudier d'autres méthodes pour augmenter le nombre de likes et de followers sur vos profils de médias sociaux. Jetez un coup d'œil et apprenez tout ce que vous pouvez sur le développement de votre présence sur Facebook sur votre marché cible.

18. Donnez-leur une raison.

Donnez à vos clients une raison d'aimer votre page Facebook et de vous suivre sur la plateforme de médias sociaux. Montrez-leur que vous écrirez fréquemment et que vous publierez des mises à jour passionnantes. Cela les motivera à interagir avec vous.

19. Traiter les plaintes des clients de manière efficace.

Si vous recevez une plainte via votre page Facebook, répondez rapidement et efficacement. Même si ce n'est pas le cas, répondez et soyez professionnel. Si vous voulez que vos clients soient satisfaits, veillez à répondre rapidement à leurs demandes. Fournir une assistance clientèle de premier ordre.

20. Fournir des questions et réponses.

Utilisez votre page Facebook pour poser des questions et y répondre. Utilisez une foire aux questions pour répondre rapidement à leurs questions.

21. Demandez aux clients de partager et de se connecter.

Vous pourriez gagner des adeptes en demandant simplement à vos clients, voire à vos clients potentiels, de partager et d'interagir avec votre profil Facebook.

22. Créez un plan et respectez-le.

Élaborez une stratégie pour attirer davantage d'admirateurs. Tenez-vous-en à votre plan et faites ce qui, selon vous, vous aidera à réussir plus souvent. Continuez si vous trouvez quelque chose qui fonctionne bien.

23. Traitez chaque réseau social comme un réseau individuel.

Traitez chaque compte de médias sociaux séparément. Pour attirer plus de fans, partagez-les individuellement et fréquemment.

24. Aller plus loin dans le service à la clientèle.

Surmontez les obstacles pour aider les autres à trouver une solution à leurs problèmes. De cette façon, ils sauront que vous faites de votre mieux pour les aider, et vous serez considéré comme une personne formidable dont l'entreprise est respectable. Cela les encouragera à revenir.

Comment augmenter le nombre d'adeptes de Facebook en 2022 : 9 étapes essentielles.

Comment créer un réseau de fans sur Facebook:

- Étudiez votre concurrence.
- Remplissez complètement vos profils (oui, les vôtres aussi).
- Maintenez la cohérence de votre marque.
- Distribuez du contenu fantastique
- Établissez des liens avec les leaders d'opinion et les influenceurs du secteur.
- Utilisez les hashtags.
- Les publicités que vous payez doivent apparaître dans vos publications.
- Établissez un contact visuel avec votre public.

C'est pour cette raison que j'ai pris l'habitude de passer la plupart de mes heures d'éveil sur les médias sociaux. Je me souviens encore de la joie que j'ai ressentie lorsque j'ai ouvert mon premier compte Facebook et que j'ai pu me connecter avec des personnes de mon monde physique. Cela semble stupide aujourd'hui, mais c'était un événement important à l'époque. J'ai fini par passer à Twitter, Instagram et LinkedIn, entre autres réseaux, car j'avais besoin d'être sur tous ces réseaux. En vieillissant et en commençant à travailler dans le marketing numérique, j'ai réalisé à quel point les médias sociaux sont devenus importants dans tout ce que nous faisons en tant que société et à quel point la vie a évolué différemment en conséquence. J'utilise la majorité de mon temps libre sur les médias sociaux. Je me souviens encore de la joie que j'ai ressentie lorsque j'ai ouvert mon premier compte Facebook et que j'ai pu entrer en contact avec des personnes de mon monde physique. Cela peut nous sembler mineur aujourd'hui, mais c'était une grande affaire à l'époque.

J'ai fini par passer à Twitter, Instagram et LinkedIn, entre autres réseaux, car j'avais besoin d'être sur tous ces réseaux. En vieillissant et en commençant à travailler dans le marketing numérique, j'ai réalisé à quel point les médias sociaux sont devenus importants dans tout ce que nous faisons en tant que société et à quel point la vie a évolué de manière différente en conséquence. Grâce aux médias sociaux, les marques établissent ces mêmes liens personnels avec leurs clients. En tant que marque, vous avez plus que jamais la possibilité de communiquer des informations et des idées passionnantes sur votre entreprise, de créer une communauté en ligne de personnes passionnées par votre marque et d'interagir avec vos clients à un niveau plus humain et plus personnel que jamais. Cependant, si vous ne savez pas par où commencer, la création d'une audience et la connexion avec votre public peuvent représenter un défi pour les marques. Cet article vous apprendra les principes fondamentaux de la création d'une audience sur Facebook et les outils et méthodes que les marques utilisent pour réussir sur les médias sociaux aujourd'hui.

- Remplissez complètement vos profils (oui, les vôtres aussi)

Maintenant que vous avez décidé où créer vos profils, il est temps de passer aux choses sérieuses.

Soyez précis et à jour.

Presque tous les réseaux de médias sociaux disposent d'une zone de résumé, d'une photo de profil et d'une photo de couverture où vous pouvez saisir et présenter des informations sur votre entreprise ; assurez-vous que ces informations sont exactes et à jour sur toutes les plateformes. Il n'y a rien de plus perplexe que d'avoir une adresse de site web et une autre sur votre page Facebook. Le fait d'établir cette connaissance générale donne de la crédibilité et permet aux personnes de réagir rapidement si elles le souhaitent.

La création de profils ne doit pas se limiter aux pages d'entreprise.

Chacun de vos employés devrait avoir un profil complet, en fonction de la plateforme, afin de pouvoir proposer des actualités sur l'entreprise, des informations sur le secteur, etc. Pensez à la portée accrue que vous pourriez obtenir en mettant en œuvre une campagne de promotion des employés. Tous leurs followers et leurs relations seront exposés à votre contenu, car chaque employé agit comme un ambassadeur de la marque pour votre entreprise, en partageant du contenu sur tous ses canaux. Lorsque vous créez ces profils, gardez à l'esprit que ni votre entreprise ni vos profils ne sont jamais complets. Vous devez continuellement affiner et ajuster les choses pour améliorer l'expérience utilisateur et donner une bonne image de votre organisation.

- **Maintenir la cohérence de votre marque.**

Quand je parle de cohérence, je veux dire que le ton général de votre présence sur les médias sociaux doit refléter votre personnalité, vos valeurs et votre voix. Votre biographie écrite doit être en phase avec votre photo de profil, qui doit être en phase avec votre photo de couverture, qui doit être en phase avec votre contenu. Plus encore, si vous utilisez plusieurs sites de médias sociaux, assurez-vous que chaque compte véhicule la même histoire et adopte le même ton. Les consommateurs veulent établir un lien personnel avec votre entreprise, et l'envoi de messages contradictoires ne fera que les troubler et les rendre moins enclins à rester sur place. En fin de compte, quel que soit le ton de votre entreprise, restez-y fidèle. L'acquisition d'une audience sur les médias sociaux repose en grande partie sur la transparence et la confiance, que l'on retrouve dans votre profil et dans le contenu que vous publiez.

- **Distribuez un contenu fantastique.**

Bien que la création de contenu que les personnes qui vous suivent veulent voir et avec lequel elles veulent s'engager soit l'une des façons les plus évidentes de développer un public, il ne faut pas la sous-estimer. Partager du contenu de haute qualité avec votre public vous aidera à établir votre entreprise - et votre marque - comme un leader d'opinion dans votre domaine. Quand on sait ce qu'est un contenu fantastique, il peut être difficile de le partager.

De quoi devriez-vous parler?

Votre matériel est la chose la plus évidente à partager. D'un autre côté, de nombreuses entreprises développent la distribution exclusive de leur matériel, ce qui peut se retourner contre elles à long terme.

Ne soyez pas snob en matière de contenu.

Vous ne faites pas les choses correctement si vous vous contentez de partager votre contenu. Dans 70 % des cas, le contenu que vous partagez doit apporter de la valeur et valoriser votre marque ; dans 20 % des cas, il doit s'agir d'articles et d'idées d'autres personnes ; et dans 10 % des cas, il doit faire votre publicité ou celle de votre entreprise. Sur Facebook, seulement 10 % de votre contenu doit être auto-promotionnel. Pourquoi ? Parce que cela vous permet de gagner la confiance de vos followers et de leur donner du contenu et des informations de valeur. Resteriez-vous fidèle à une entreprise qui vous envoie uniquement des offres promotionnelles ? Très probablement pas. En dehors de cela, voici quelques suggestions sur ce que vous devez publier.

Rendez votre matériel plus visuel.

Pour rendre vos publications plus attrayantes, utilisez du contenu visuel comme des photos, des gifs et des vidéos. Pensez à l'expression "montrer ou raconter". Les gens veulent voir plus qu'un simple texte, et il faut quelque chose de visuellement attrayant pour attirer leur attention. Les utilisateurs de Facebook ont montré un haut niveau d'interaction avec le contenu visuel, qu'il s'agisse d'images ou de vidéos:

Envisagez de passer en direct.

Utilisez la vidéo en direct pour communiquer avec votre public en temps réel. Selon des études, les consommateurs passent trois fois plus de temps à regarder des vidéos en direct qu'à regarder des vidéos préenregistrées. Profitez de cette nouvelle tendance et communiquez directement avec votre public ! Avant tout, gardez un œil sur la plateforme et sur la façon dont votre public interagit avec elle. Tenez compte des points forts et des comportements attendus de chaque plateforme. Si vous avez du matériel en temps réel, un média comme Facebook sera plus bénéfique qu'Instagram. Par ailleurs, si le même contenu est partagé sur plusieurs plateformes, préparez-vous à changer en conséquence. Si un statut LinkedIn long format suscite beaucoup d'attention, mais que le même message sur Facebook n'en suscite pas, vos followers vous disent qu'ils ne sont pas intéressés par ce type de contenu sur Facebook et que vous devez apporter des modifications.

- **Quand peut-on partager du contenu?**

Lorsqu'il s'agit de savoir quand publier sur Facebook, tout dépend de votre public. Cependant, il existe quelques lignes directrices que vous pouvez suivre lorsque vous débutez. Créez un calendrier de partage sur Facebook pour savoir quand vos publications attirent le plus d'attention. Pour atteindre votre public cible, vous pouvez vous efforcer de choisir le jour, l'heure et le type de contenu idéal à partager. Plus ils interagissent avec vos publications, plus ils sont susceptibles de voir votre contenu dans d'autres fils d'actualité.

- **Établir des liens avec des leaders d'opinion et des personnes influentes dans le secteur.**

Comme je l'ai brièvement évoqué précédemment, la mise en relation avec des influenceurs du secteur est un excellent moyen de développer votre stratégie en matière de médias sociaux et d'acquérir un nombre important de followers sur les médias sociaux. Il s'agit d'entreprises ou de personnes qui sont des leaders d'opinion dans votre secteur, et vos clients et votre public cible les suivent. Tirez parti de cette ressource ! Partagez avec votre public des articles de professionnels du secteur que vous lisez ou regardez. Votre public est susceptible de les suivre ou de se connecter avec eux également. Participez-vous régulièrement à des événements annuels ou à des conférences ? Trouvez les orateurs et prenez contact avec eux. Commencez des discussions virtuelles avec eux au sujet de l'événement ou du message que vous êtes désireux d'apprendre d'eux. Si l'orateur interagit avec vous (ce qu'il devrait faire), vous pourriez être mentionné dans un message partagé avec ses followers. Vous pouvez également marquer votre influenceur préféré dans un message et inviter vos followers à partager leurs leaders d'opinion préférés. Cela vous permettra d'engager le dialogue avec votre public et de dialoguer avec lui. L'année dernière, Mari Smith, une influenceuse de premier plan dans le domaine du marketing sur Facebook, est intervenue à IMPACT Live 2019 et était ravie de partager son expérience avec son public. Elle est un excellent exemple d'influenceur de médias sociaux qui veut interagir et s'engager avec son public.

- **Utilisez des hashtags.**

Vous disposez d'un excellent contenu et vous êtes en phase avec votre public, mais comment faire en sorte que vos articles soient plus faciles à découvrir par de nouvelles personnes?

Utilisez des hashtags pertinents!

Pour vous rafraîchir la mémoire, un hashtag (#) ou le symbole dièse (*cough* Natalie Davis *cough*) est utilisé sur les plateformes de médias sociaux pour diriger les utilisateurs vers un matériel spécifique. Vous pouvez rendre votre page Facebook plus visible dans les résultats de recherche en utilisant des hashtags. Les utilisateurs peuvent suivre directement ces hashtags ou trouver des publications connexes en les recherchant. Les hashtags sont apparus pour la première fois sur Twitter, mais ils se sont ensuite répandus sur tous les autres sites.

Je ne sais pas quels hashtags utiliser.

La clé pour utiliser efficacement les hashtags est de déterminer ceux qui sont les plus pertinents et les plus populaires auprès de votre public cible. Vous travaillez pour une entreprise de construction de maisons, par exemple. Vous pourriez envisager d'utiliser le hashtag "#homeremodeling" car il est lié à ce que votre public recherche et est susceptible de correspondre au type de contenu que vous fournissez et fournirez. Il est essentiel de se rappeler que vos hashtags doivent et peuvent changer en fonction du contenu que vous partagez. Même si vous utilisez des hashtags répétitifs dans vos contenus, les mélanger vous permettra d'atteindre un public plus large et toujours intéressé par votre niche.

Dans mes publications, où dois-je mettre les hashtags?

Quelle est la réponse courte ? C'est une situation difficile. Il n'existe pas d'approche unique pour l'utilisation des hashtags, et elle peut varier en fonction de la plateforme que vous utilisez. Identifier le hashtag le plus souhaité et l'utiliser immédiatement dans votre message est une règle de base sage. Envisagez de placer les hashtags connexes ou secondaires en bas de l'article, dans un commentaire ou un fil de discussion, afin qu'ils ne nuisent pas à votre contenu, mais qu'ils soient tout de même bien placés dans les résultats de recherche.

- **Tirer profit du contenu sponsorisé et des publicités payantes.**

Maintenant que vous avez mis en place votre plateforme de médias sociaux, il est temps de passer à l'étape suivante. Les vues organiques ne vous mèneront pas loin, et les obtenir devient de plus en plus difficile. Pourquoi ? Parce que les plateformes sont astucieuses, elles veulent que vous payiez pour jouer afin d'acquérir l'affluence des médias sociaux. D'un autre côté, l'utilisation des médias sociaux pour faire de la publicité est l'une des méthodes les plus rentables pour atteindre un nouveau public ciblé à faible coût.

Publicité sur Facebook.

Comme vous l'avez appris, il est essentiel de faire en sorte que les gens remarquent votre excellent contenu pour développer votre audience sur les médias sociaux. Cependant, avec les récentes modifications de l'algorithme de Facebook, les informations partagées par les amis et la famille ont désormais la priorité sur les pages de la marque. Oh non... Comment vais-je pouvoir développer mon audience sur Facebook si les gens ne voient pas mon contenu ? C'est à ce moment-là que les campagnes de marketing sur Facebook sont utiles. En raison du grand nombre de personnes qui utilisent Facebook et des capacités de ciblage sophistiquées dont vous disposez, la publicité sur Facebook peut être très avantageuse pour votre entreprise. Supposons que vous essayez de les inciter à aimer votre page ou que vous voulez partager une information particulière avec eux. Dans ce cas, vous avez de bonnes chances d'y parvenir en utilisant la capacité de Facebook à cibler des caractéristiques exactes au-delà du sexe et de la région, comme les événements de la vie, les comportements d'achat et les loisirs. Il existe toutefois une méthode correcte et une méthode incorrecte pour utiliser la publicité Facebook afin de générer des résultats. Booster vos publications ne fera qu'augmenter le nombre de personnes qui les verront.

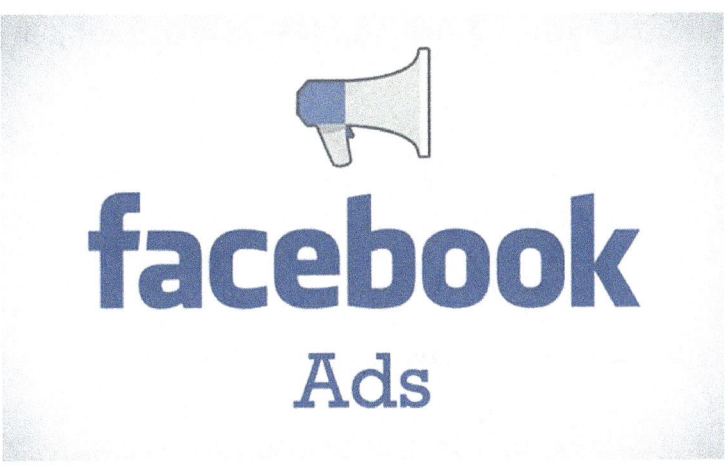

Toutefois, supposons que vous souhaitiez élargir votre audience et augmenter l'interaction. Dans ce cas, vous devrez entreprendre une publicité beaucoup plus détaillée et ciblée pour vous assurer que le bon matériel atteint les bonnes personnes. Ali Parmelee, stratège en médias payés d'IMPACT et expert de Facebook, explique pourquoi les publicités Facebook sont précieuses dans une conversation. Pour utiliser la publicité Facebook afin d'augmenter votre audience, vous devez faire plus que l'allumer. Cependant, la publicité Facebook a beaucoup de potentiels.

- **Établissez un contact visuel avec votre public.**

Il est facile de se laisser prendre par le nombre de likes et de followers sur Facebook. Cependant, une fois que vous avez construit votre public, vous devez communiquer régulièrement avec lui pour maintenir son intérêt. Réagissez aux publications dans lesquelles vous êtes mentionné, répondez aux questions qui vous sont posées et répondez aux commentaires sur votre contenu. Si vous avez une question sur laquelle vous n'êtes pas sûr, marquez les leaders d'opinion et les professionnels du secteur pour obtenir leur avis. La nature des médias sociaux est d'être sociable!

Sur Facebook, les gens aiment interagir avec les marques. Plus vous le faites, plus les gens sont susceptibles de vous suivre ou de vous attendre. Certaines entreprises sont même devenues célèbres pour leur capacité à dialoguer avec leurs fans et leurs clients.

Créons ensemble un empire des médias sociaux!

Vous êtes probablement très enthousiaste à l'idée de créer votre empire des médias sociaux, maintenant que vous disposez de la technologie et du savoir-faire.

Chapitre no.5

Influenceur Facebook à succès.

Le marketing d'influence est efficace. C'est pourquoi il semble que tout le monde aspire aujourd'hui à devenir un influenceur sur les médias sociaux. Ce marketing devient de plus en plus populaire en tant qu'approche légitime et réussie de la publicité et du maintien de l'engagement de votre public pour générer des revenus. Plus de 3,7 milliards de personnes utilisent les médias sociaux aujourd'hui et le secteur du marketing d'influence représente 5 milliards de dollars!

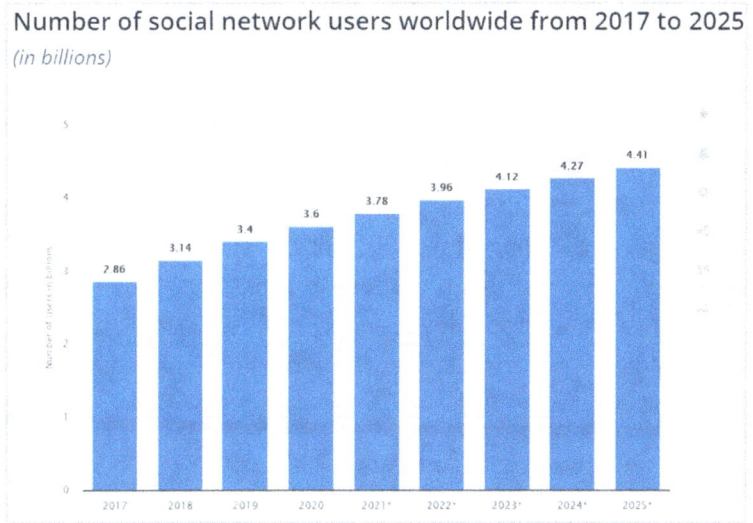

Nous devons prendre en considération le fait que tout le monde peut devenir un influenceur de médias sociaux (avec la bonne approche), mais il faudra du temps et du dévouement pour y parvenir. Ce n'est pas pour rien qu'il s'agit de l'un des meilleurs emplois en ligne pour les étudiants, mais n'oubliez pas que ce n'est pas facile. Suivez les étapes suivantes pour découvrir comment devenir un influenceur Facebook à succès.

Comment devenir un influenceur sur Facebook en 9 étapes simples.

Il faut de la patience et du dynamisme pour devenir un influenceur Facebook, et il faudra au moins un an d'efforts acharnés avant de voir de véritables bénéfices. Maintenant que cela a été dit, passons aux neuf étapes pour devenir un influenceur Facebook.

1. Choisissez un créneau.

Le choix d'une spécialité est la première étape du lancement d'une activité en ligne. Pour constituer un public de personnes engagées qui s'intéressent à votre message, vous devez franchir cette étape. Chaque influenceur marketing que vous voyez sur Facebook a un domaine d'expertise particulier. Sans une niche distincte, quels que soient vos autres avantages, vous devrez vous battre avec tous les autres pour attirer l'attention de votre public. De plus, vous vous adresserez à tout le monde et vous ferez du marketing pour tout le monde, mais vous n'atteindrez personne. Lorsque vous décidez d'un créneau, posez-vous les questions suivantes:

- Quelles sont vos passions ?
- Dans quel domaine excellez-vous ?
- Quels sont vos intérêts et vos passions ?
- Quels sont vos passe-temps et vos intérêts ?
- Avez-vous des habitudes bizarres ?
- Qu'est-ce que vous aimez faire?

Par exemple, si vous avez toujours été passionné par le fitness et la musculation, il est logique de devenir un influenceur de médias sociaux qui encourage et motive les gens à atteindre leurs objectifs de fitness.

Chacun de ces éléments peut devenir un atout important pour vous aider à attirer naturellement un groupe de personnes qui partagent vos intérêts. Veillez à ce que votre choix corresponde à votre personnalité, car c'est la seule façon pour les gens de s'identifier à vous et de vous faire confiance. Les gens peuvent sentir que vous ne croyez pas en ce que vous faites, et si vous ne le faites pas, ils le remarqueront et vous perdrez votre public. En revanche, lorsque les gens voient votre enthousiasme sincère pour le travail que vous faites, il devient beaucoup plus facile d'attirer un public et de le garder engagé. Assurez-vous que votre sujet vous plaît, quel que soit le créneau que vous choisissez. C'est essentiel pour votre succès à long terme, car cela vous motivera à continuer d'essayer lorsque les choses deviennent difficiles - même si c'est juste parce que vous appréciez ce que vous faites.

2. Sélectionnez votre plateforme principale.

Il existe de nombreux canaux que vous pouvez utiliser en tant qu'influenceur de médias sociaux, notamment:

- YouTube
- Instagram
- Twitter
- Tik-Tok, et plus encore.

Il serait utile d'établir votre présence sur les profils que vous avez choisis avant de commencer votre campagne pour devenir un influenceur Facebook. Vous pouvez utiliser une série de plateformes de médias sociaux, mais vous devez choisir une plateforme centrale à laquelle vous consacrerez la majorité de votre matériel. Vous pouvez continuer à être actif et engagé sur d'autres plateformes de médias sociaux, mais vous vous concentrerez sur cette seule page Facebook. Lorsqu'il s'agit de choisir les réseaux de médias sociaux idéaux pour vous, il y a de nombreux aspects à prendre en compte. Pour commencer, découvrez quelles sont les plateformes de médias sociaux les plus utilisées par les personnes de votre secteur. Votre créneau déterminera également votre canal principal. Facebook peut être la meilleure option pour certains influenceurs de la mode, tandis que YouTube ou Twitch peuvent être la meilleure option pour les influenceurs des jeux vidéo. De même, Pinterest, Snapchat, Twitter et tous les autres grands réseaux de médias sociaux peuvent être plus adaptés à différents influenceurs en fonction de critères spécifiques.

- Le public que vous souhaitez atteindre
- Les canaux essentiels utilisés par d'autres influenceurs dans votre région
- Le type de contenu que vous allez créer
- Votre niveau d'aisance devant la caméra
- Votre capacité à rédiger un contenu écrit intéressant.

En général, la plupart des influenceurs devraient commencer par Facebook, car ce réseau existe depuis longtemps, peut être lucratif et a une présence en ligne bien établie.

3. Définissez votre marché cible.

Outre le choix de la bonne spécialité, votre succès en tant qu'influenceur sur les médias sociaux repose sur la recherche du bon public ou de la bonne communauté pour vous soutenir. Votre marque n'aura aucun sens sur les médias sociaux si vous n'avez pas d'adeptes, de fans ou d'abonnés. Ainsi, avant de commencer à publier sur Facebook, vous devez déterminer qui est votre public cible. Vous devez vous concentrer sur les personnes et les communautés qui fourniront l'essence du succès de votre marque sur Facebook. Vous découvrirez probablement votre public sur Facebook si vous êtes un influenceur de style de vie. Voici les étapes de la définition de votre public cible:

1. Données démographiques.

Pour déterminer le public idéal, posez des questions telles que:

- Quel est l'âge et le sexe de mon public cible ?
- Ont-ils un domicile ?
- Savent-ils comment utiliser l'Internet?

2. Défis.

Posez les questions suivantes et répondez-y pour en savoir plus sur les difficultés de votre public cible:

- Connaissent-ils votre produit ou votre marque ?

- Si c'est le cas, pourquoi n'utilisent-ils pas votre produit ?
- Ou, au contraire, pourquoi ne l'utilisent-ils pas autant que vous le souhaiteriez?

Considérez tous les obstacles qui ont pu mener à ce point.

3. Motivateurs.

Répondez aux questions suivantes pour les motivateurs de votre public cible:

- De quelle manière les personnes que vous essayez d'atteindre peuvent-elles être attirées par votre marque ou votre produit ?
- - Qu'est-ce qui, dans votre produit, les attire?

4. Points douloureux.

Y a-t-il quelque chose dans votre produit ou votre marque qui peut irriter les personnes que vous essayez d'atteindre ? Notez toutes les causes possibles de votre malaise.

5. WIIFM (What's In It for me - Qu'y a-t-il pour moi?).

Cette question vise à déterminer pourquoi vos clients devraient utiliser (ou continuer à utiliser) vos produits ou services. Vous devez être capable de communiquer clairement les avantages qu'ils recevront. En tenant compte de toutes les caractéristiques ci-dessus, vous pourrez cibler votre public sur Facebook, où il est déjà actif.

4. Élaborer un calendrier de contenu.

En tant qu'influenceur Facebook, vous devez fournir régulièrement un contenu de qualité que votre public (ainsi que les moteurs de recherche et les algorithmes des médias sociaux) appréciera. Les gens admirent les influenceurs sociaux qui sont dévoués et cohérents. Vous devez présenter un message cohérent chaque jour et créer des contenus pertinents pour votre public cible. Une fois que vous aurez déterminé le type de contenu dont vous aurez besoin, vous devrez élaborer un programme de contenu pour rester sur la bonne voie. Une partie du travail de création d'un calendrier de contenu aura déjà été effectuée dans la phase précédente. Non seulement les questions ci-dessus vous aideront à identifier votre groupe démographique cible et les endroits où il est le plus susceptible de se rassembler sur les médias sociaux, mais elles vous aideront également à choisir le meilleur type de matériel à utiliser dans votre campagne de marketing d'influence. Voici quelques conseils pour vous aider à planifier votre approche du marketing d'influence sur Facebook, notamment en créant un calendrier de contenu:

- Créez et diffusez un contenu de qualité, riche en valeur ajoutée.

- Planifiez votre plan de marketing de contenu sur les médias sociaux en identifiant vos objectifs et le type de matériel qui vous aidera le mieux à les atteindre. Établissez un calendrier de publication sur la plateforme Facebook.
- Choisissez les périodes où vous êtes le plus susceptible d'obtenir l'engagement le plus significatif de votre public lors de la soumission de votre matériel.
- Pour construire votre calendrier, sélectionnez les outils de gestion Facebook appropriés. Vous pouvez également créer votre propre calendrier Excel.
- Remplissez votre calendrier avec un large éventail de formats de contenu, de thèmes et de types de posts. Incluez des informations sur les sites où le contenu sera publié, ainsi que les heures et les dates.
- Enfin, vous avez la possibilité de programmer vos publications. Elle diffère de la construction d'un calendrier de contenu. Il s'agit d'utiliser des technologies automatisées comme Buffer pour créer une file d'attente pour le téléchargement de votre matériel sur Facebook à des moments prédéterminés.

5. Générer stratégiquement du trafic.

Plus vous pouvez produire de trafic sur Facebook, plus vous deviendrez influent. D'autres personnes vous suivront au fur et à mesure que votre nombre d'adeptes augmentera, et vous pourrez utiliser le pouvoir de la preuve sociale pour atteindre un public encore plus large d'admirateurs et d'adeptes. Cependant, vous devrez trouver des stratégies pour attirer intentionnellement du trafic, au début, pour faire avancer les choses. Voici quelques méthodes simples mais efficaces pour augmenter le trafic sur Facebook:

- Faites en sorte que votre public puisse facilement partager votre matériel avec ses réseaux.
- Pour maximiser votre visibilité, marquez les autres et utilisez les hashtags appropriés.
- Publiez votre contenu lorsque votre public cible est le plus actif.
- Interagissez régulièrement avec votre public et apportez beaucoup de valeur ajoutée.
- Investissez dans la publicité sur Facebook pour atteindre un public plus large.
- Faites des appels à l'action à la fois innovants et convaincants.
- Pour renforcer votre autorité et votre réputation, créez des réseaux avec d'autres leaders du secteur.
- Établissez des relations positives avec les médias pour accroître l'exposition médiatique et la promotion.
- Dans les courriers électroniques, mentionnez les comptes Facebook dans les bulletins d'information, les messages de bienvenue, les modèles de sensibilisation, etc.
- Pour que votre matériel se démarque et maximise l'engagement et les partages, incluez de nombreux éléments visuels accrocheurs, tels que des photographies, des vidéos et des infographies.
- Envisagez de nouvelles façons de vous engager avec vos marques, par exemple en présentant des webinaires, des podcasts audio, des interviews vidéo, etc.

6. Collaborez avec d'autres influenceurs.

La collaboration avec d'autres influenceurs de niche vous permet d'obtenir des fans à partir de leur public. Travailler avec des influenceurs Facebook peut vous aider à exposer votre contenu à un nouveau public important et apporter encore plus de trafic sur vos pages, car leur audience se compte généralement en millions. Vous pouvez travailler avec des influenceurs dans votre domaine de différentes manières. Payer des personnes pour promouvoir votre contenu ou vos produits est une option. Cependant, lorsque vous débutez, cela peut s'avérer difficile. S'engager de manière organique avec votre public peut être la stratégie la plus fine et la plus efficace pour vous aider à développer votre public. Pour ce faire, il suffit de leur demander de partager votre message chaque fois que vous publiez quelque chose qui en vaut la peine. Vous pouvez utiliser cette méthode pour augmenter vos chances de succès en mettant en avant les influenceurs dans votre contenu en couvrant leurs récits, en réalisant des interviews ou en générant des articles de synthèse d'experts. Ensuite, lorsque vous partagez l'article, marquez-les, et les influenceurs seront plus enclins à le partager avec leurs réseaux.

7. Engagez votre public

Ce point est important, car si vous ne vous engagez pas régulièrement auprès de votre public Facebook, il se désintéressera de votre entreprise et de votre marque. Votre contenu est crucial pour votre plan de marketing d'influence, mais il n'aura aucune importance s'il est incroyable ou intelligent si personne ne s'y intéresse.

Facebook et les autres sites de médias sociaux veulent voir les gens interagir avec votre contenu. Cela leur envoie le signal fort que vous partagez des éléments que votre public veut voir, ce qui fournit la preuve sociale essentielle pour votre contenu et vos actions sur les médias sociaux (comme la promotion et la publicité). En conséquence, l'algorithme de chaque site de médias sociaux montrera votre contenu à un plus grand nombre de personnes intéressées par le même sujet. C'est comme un effet boule de neige : plus il y a de personnes qui consultent votre matériel, plus il y a de personnes qui voient votre contenu, ce qui vous aide à générer encore plus d'interaction, et ainsi de suite. Les marques qui recherchent des influenceurs pour les aider dans leurs efforts de marketing social d'influence souhaitent également que les personnes incitent leurs followers à acheter quelque chose (ou à suivre l'entreprise) plutôt que de simplement regarder le contenu promu. Dans ce type d'effet, votre public doit croire qu'il vous connaît personnellement en tant qu'influenceur. Vous devez leur exprimer votre gratitude et remercier vos followers pour leur soutien à tout moment.

8. Faites en sorte que les entreprises puissent vous joindre facilement

Une autre stratégie utile pour se développer en tant qu'influenceur Facebook consiste à faire en sorte que les spécialistes du marketing puissent vous identifier et vous contacter facilement. Il y a de l'argent à gagner dans chaque entreprise et sur chaque canal de médias sociaux, mais seulement si les marques peuvent vous découvrir. Les marques trouvent les influenceurs sur Facebook de différentes manières. Les utilisateurs peuvent aussi utiliser la plateforme pour rechercher des hashtags pertinents et déterminer les comptes qui ont les taux d'interaction les plus élevés. En veillant à ce que vos coordonnées soient claires et bien visibles, les spécialistes du marketing pourront vous contacter plus facilement. Rédigez une bio captivante qui informe les marques que vous êtes un influenceur ouvert à une collaboration avec elles. Si les clients potentiels doivent chercher à vous contacter, ils sont plus susceptibles d'abandonner et de chercher un autre influenceur.

9. Offrir des partenariats avec les marques.

Allez toujours plus loin lorsque vous travaillez avec des marques pour attirer de futures réservations de la part de cette marque. Les marques préfèrent travailler avec des influenceurs Facebook qui leur apportent beaucoup de valeur, et chaque fois que vous vous surpassez dans vos partenariats avec les marques, vous augmentez les chances qu'elles veuillent travailler à nouveau avec vous. Il s'agit d'une excellente stratégie qui utilise la formidable loi de la réciprocité à votre avantage. Lorsque vous apportez une valeur ajoutée à une marque, elle se sent obligée de vous rendre la pareille en faisant quelque chose pour vous. Cette stratégie fonctionne également très bien lorsque vous traitez avec votre public. Bien que vous puissiez rencontrer des sceptiques qui pensent que vous ne faites que fournir un excellent matériel en échange de quelque chose en retour, si vous êtes cohérent et sincère dans vos objectifs, votre public finira par croire et apprécier que vous pensez sincèrement à lui. Si vous leur demandez quelque chose (comme leur adresse électronique), ils se sentiront obligés de vous la fournir.

Il faut du temps et du travail pour devenir un influenceur Facebook. Si vous suivez les étapes proposées dans ce chapitre, vous serez sur la bonne voie pour établir un énorme public de fans et de suiveurs intéressés pour la vie:

1. Choisissez une niche.
2. Sélectionnez votre plateforme principale.
3. Définissez votre marché cible.
4. Établissez un calendrier de contenu.
5. Collaborez avec d'autres influenceurs pour créer stratégiquement du trafic.
6. Faites participer votre public à la conversation.
7. Simplifiez la tâche des marques pour qu'elles entrent en contact avec vous.
8. Lorsqu'il s'agit de relations avec les marques, allez au-delà de ce qui est nécessaire.

Comment utiliser les statistiques Facebook pour évaluer le succès de votre démarche.

Il ne s'agit pas d'une situation où il faut tout régler et oublier : un marketing Facebook réussi nécessite une maintenance permanente. Il est essentiel de suivre et de mesurer ce qui a fonctionné et ce qui n'a pas fonctionné pour comprendre ce qui a marché et ce qui n'a pas marché. De cette façon, vous pouvez constamment améliorer votre plan en apprenant, en le modifiant et en réessayant. Facebook Insights, qui mesure des données telles que..., peut être utilisé pour suivre l'interaction du public ; directement la portée (le nombre de personnes qui ont vu vos publications) ; l'engagement (combien de personnes ont aimé, cliqué, partagé ou commenté votre contenu). Lesquelles de vos publications incitent les gens à ne pas aimer votre page ? En outre, Facebook Insights peut vous aider à déterminer quels types de publications sont les plus bénéfiques pour votre Page, afin que vous puissiez voir si votre mélange de contenu actuel fonctionne bien pour vous. Consultez notre introduction à Facebook Analytics pour les débutants pour plus d'informations. Les technologies externes telles que Google Analytics, Hootsuite Impact, les paramètres UTM et Hootsuite Insights mesurent les actions en dehors de Facebook, telles que les achats ou les autres conversions de sites web.

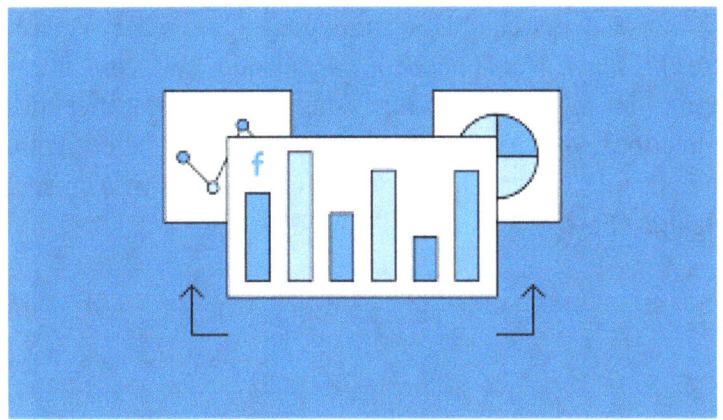

Tout cela pour dire qu'il ne faut pas se laisser intimider ! Nous avons élaboré un guide étape par étape pour vous aider à suivre le retour sur investissement de vos efforts de marketing sur Facebook. Non seulement vous devez célébrer et commémorer vos succès, mais vous devez également suivre vos progrès au fil du temps. En plus de suivre ce qui ne fonctionne pas, il est essentiel de garder un œil sur les changements. Les données révéleront ce que vous devez continuer à faire et les stratégies que vous devez modifier. Au fil du temps, vous pourrez améliorer vos performances en définissant des objectifs, en mesurant les résultats et en modifiant votre plan dans un cycle continu.

Whew!

Nous comprenons qu'il y a beaucoup à apprendre sur le marketing Facebook. Cependant, la bonne nouvelle est que vous pouvez commencer sans dépenser d'argent. Alors, mettez les mains dans le cambouis et apprenez par la pratique. Lorsque vous serez prêt, vous aurez accès à des techniques et des campagnes plus avancées, ainsi qu'à une multitude de ressources et de didacticiels pour vous aider dans votre démarche. Hootsuite peut vous aider à gérer votre présence sur Facebook ainsi que sur vos autres canaux de médias sociaux. Vous pouvez planifier des publications, partager des vidéos, dialoguer avec votre public et suivre les résultats de vos efforts à partir d'un seul tableau de bord.

Chapitre no.6

Utilisez le marketing d'influence de Facebook à votre avantage.

En janvier, Facebook a révélé que sa dernière mise à jour de l'algorithme mettrait moins en valeur les publications de pages professionnelles dans le fil d'actualité des utilisateurs. Au moment de l'annonce, de nombreux spécialistes du marketing des médias sociaux craignaient que la portée organique des entreprises, que les ajustements précédents de l'algorithme avaient déjà entravée, ne devienne un élément du passé sur Facebook.

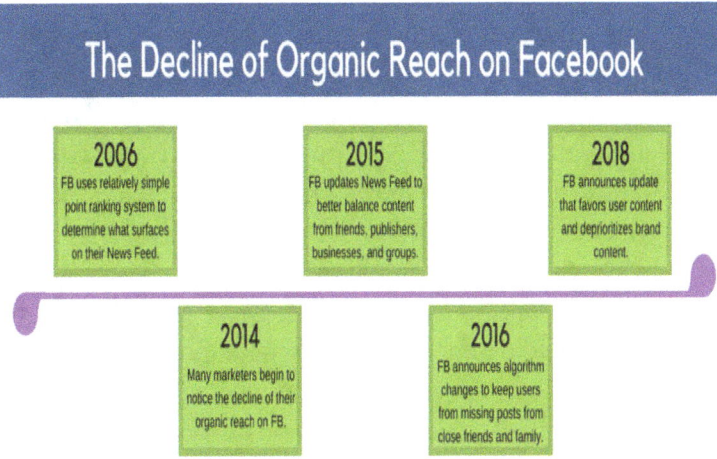

La dernière modification de l'algorithme du fil d'actualité laisse présager un avenir où Facebook sera considéré comme une plateforme publicitaire payante par les entreprises de toutes tailles. Alors que les options "gratuites" de marketing sur Facebook sont solidement clouées dans leur tombe, les spécialistes du marketing deviennent créatifs et recherchent des méthodes plus authentiques pour entrer en contact avec leur public sur les sites de réseaux sociaux. Le marketing d'influence, qui consiste à collaborer avec des utilisateurs influents des médias sociaux, s'avère être une tactique prometteuse. Pour aider le marketing d'influence, Facebook a déjà lancé une série d'outils:

- Depuis 2016, les influenceurs peuvent désigner correctement les posts qu'ils ont réalisés en collaboration avec une entreprise en utilisant les balises Branded Content. Cela permet aux influenceurs et aux marques de rester en conformité avec les exigences de la FTC en matière de contenu sponsorisé.
- Les groupes Facebook pour les pages permettent aux entreprises de créer des groupes qui sont liés à leur page Facebook. Ces groupes permettent aux spécialistes du marketing de dialoguer naturellement avec leur public (par exemple, Instant Pot utilise son groupe comme un espace de partage de recettes).
- Une nouvelle fonction "boost" permet aux spécialistes du marketing de payer pour augmenter la portée d'une publication faite pour eux par un influenceur. Les marques peuvent cibler un public spécifique, et le message semblera provenir de l'influenceur plutôt que de l'entreprise. Avant de booster le message d'un influenceur, les responsables marketing devaient le partager via le compte de la marque.

Comment fonctionne le marketing d'influence sur Facebook?

Le marketing d'influence sur Facebook fonctionne sur les mêmes principes que le marketing d'influence sur toute autre plateforme en ligne. Il commence par l'identification par une marque d'un utilisateur de Facebook ayant une audience moyenne à grande (et très engagée), similaire à la population cible de la marque. La marque contacte ensuite l'utilisateur influent de Facebook pour lui demander s'il souhaite promouvoir les articles de la marque sur sa page. Les influenceurs s'attendent à être rémunérés. Les entreprises qui débutent dans le marketing d'influence doivent donc garder cela à l'esprit. Si certains micro-influenceurs fournissent du contenu sponsorisé en échange de produits gratuits, la plupart des influenceurs demandent une rémunération. Après avoir discuté de la relation, les marques et les influenceurs peuvent négocier la rémunération.

L'influenceur créera un certain nombre de publications sur Facebook concernant le produit de la marque une fois que celle-ci et l'influenceur auront conclu un accord. Il peut poster une vidéo du produit en cours de déballage ou une photo de lui-même en train de l'utiliser. Comme le contenu provient d'un influenceur plutôt que d'une marque, il a plus de chances d'être vu par des personnes intéressées par le produit. Et le public cible est plus enclin à croire à la recommandation d'un produit par un influenceur qu'aux propres mots de la marque. Quatre-vingt-cinq pour cent des consommateurs affirment qu'ils font autant confiance aux évaluations sur Internet qu'aux recommandations personnelles. Le marketing d'influence sur Facebook ne commence-t-il pas à être attrayant ? Voici comment démarrer vos campagnes de marketing d'influence sur Facebook.

Trouver des influenceurs sur Facebook.

Pour localiser les influenceurs sur Facebook, vous avez deux possibilités : analyser manuellement votre base de fans Facebook existante ou utiliser des outils qui rechercheront pour vous l'ensemble du réseau. Si vous choisissez la méthode de recherche manuelle, vous devrez trouver un groupe d'utilisateurs de Facebook qui ont déjà exprimé leur intérêt pour votre marque, éventuellement en partageant ou en commentant vos publications. Vous devrez vérifier vous-même ces influenceurs potentiels après les avoir identifiés en consultant leurs profils de médias sociaux. Leurs fans sont-ils assez nombreux pour qu'une éventuelle collaboration en vaille la peine ? Se présentent-ils sur les médias sociaux d'une manière qui soit cohérente avec votre marque ? Si vous avez répondu oui, vous pouvez les contacter personnellement pour savoir s'ils souhaitent collaborer avec votre entreprise.

L'identification manuelle des influenceurs prend du temps et peut ne pas convenir aux entreprises qui n'ont pas déjà un public influent et engagé sur Facebook. Utilisez des outils d'identification des influenceurs, qui sont essentiellement des bases de données de recherche de blogueurs et d'influenceurs de médias sociaux, comme alternative. Il existe un grand nombre de ces outils, dont le prix varie de la gratuité à des milliers de dollars par mois. La plupart d'entre eux proposent un essai gratuit, afin que vous puissiez voir comment ils fonctionnent avant de vous engager.

Définir les objectifs de votre campagne.

Vous devez penser aux objectifs de votre campagne de marketing d'influence lorsque vous commencez à rechercher et à atteindre des utilisateurs puissants sur Facebook. Soyez aussi précis que possible. Au lieu de vous fixer comme objectif d'"augmenter l'exposition de la marque", vous pouvez viser à "obtenir au moins 15 000 impressions" sur la publication d'un influenceur. Vous pouvez également créer des objectifs pour:

- Participation aux médias sociaux (par exemple, likes, partages ou commentaires)
- Trafic sur le site Web (par exemple, combien de personnes ont été attirées sur votre site par le message d'un influenceur ?)
- Conversions (par exemple, combien d'achats ou d'inscriptions la campagne a-t-elle généré ?)
- Les revenus de la campagne

Pour adapter une campagne à vos objectifs, vous devrez collaborer avec vos influenceurs. Le type de matériel qu'un influenceur crée doit être directement lié à vos objectifs. Si vous souhaitez attirer des visiteurs vers une page marketing spécifique de votre site Web, par exemple, l'influenceur doit inclure un lien vers cette page dans son message.

Idées pour le marketing d'influence sur Facebook.

Les influenceurs ont une grande liberté concernant les types de publications qu'ils peuvent faire sur Facebook. Considérez les concepts de marketing d'influence suivants.

Vidéos.

La vidéo représente plus d'un tiers de l'activité en ligne, 45 % des internautes passant plus d'une heure à regarder des vidéos sur Facebook ou YouTube chaque semaine. Avec l'augmentation de la consommation de vidéos, il est logique que les influenceurs utilisent des vidéos Facebook natives pour piquer l'intérêt de leurs followers et susciter l'engagement.

Facebook live:

Facebook Live est une diffusion en direct sur Facebook. Facebook Live est encore un format relativement nouveau, mais il permet aux entreprises et aux influenceurs de générer du contenu vidéo qui semble vrai et dans l'instant. Un influenceur peut se montrer en train d'essayer les produits de votre marque ou assister à un événement en direct sponsorisé par votre entreprise via Facebook Live.

Concours:

Offrir des prix pour la participation à des concours est une excellente méthode pour augmenter votre audience sur les médias sociaux et générer plus de trafic vers votre site web. Un influenceur peut partager des photos d'un produit que vous offrez, ainsi qu'un lien vers la page de concours de votre site Web.

Promotions croisées:

La plupart des influenceurs des médias sociaux sont actifs sur de nombreuses plateformes et aimeraient mener une campagne sur plusieurs plateformes. Un influenceur peut, par exemple, créer un article de blog sur un produit ou utiliser l'ingrédient d'une marque alimentaire dans une recette sur son site Web, puis partager le lien sur Facebook et d'autres canaux de médias sociaux. En utilisant le plus grand nombre de canaux possible, vous pouvez atteindre un public ciblé.

Chapitre no.7

Idées pour le marketing d'influence sur Facebook.

Vous comprenez à quel point il est essentiel d'établir une stratégie de marketing d'influence sur Facebook. Vous savez également comment découvrir des influenceurs avec lesquels collaborer. Examinons quelques-unes des stratégies les plus efficaces pour établir une campagne de marketing d'influence sur Facebook.

1. Promouvoir les concours de cadeaux

Lorsque vous recherchez des influenceurs pour vos cadeaux, Facebook est un excellent point de départ. Il est possible que l'objectif de votre stratégie de marketing d'influence sur Facebook soit d'accroître la notoriété de la marque et l'engagement. Dans cet exemple, vous pourriez créer un concours que l'influenceur pourrait organiser sur son blog ou héberger sur votre site web. Les influenceurs partageront ensuite un lien vers la page du concours sur Facebook pour en faire la promotion. Parce qu'ils ont quelque chose à y gagner, les concours de cadeaux sont une excellente méthode pour attirer un nouveau public. Ils s'engageront volontiers auprès de votre marque s'ils ont une chance d'en retirer quelque chose de précieux.

Pour sa campagne Unstoppable Women, Ziera Footwear applique cette stratégie en la fusionnant avec le marketing de cause. La marque a mené une campagne de dons avec des influenceurs de mode clés comme Katherine Saab de Stylendipity. Le concours a été organisé sur le blog de la blogueuse, qui l'a ensuite commercialisé sur sa page Facebook. Vous pouvez également utiliser Viper pour organiser votre concours. Pour avoir une chance de gagner des prix, l'influenceur peut inciter ses followers à aimer, suivre ou commenter ses publications. Les clients qui achètent ou recommandent leurs amis peuvent également être récompensés par la plateforme. Ils peuvent gagner des points pour chaque achat et les utiliser pour une récompense ultérieure. Si vous êtes prêt à lancer un produit ou une application, Viper est également une excellente option. L'influenceur Facebook créera l'enthousiasme autour du lancement et persuadera ses followers de s'inscrire sur une liste d'attente avant même le lancement.

2. Utiliser les publicités Facebook pour élargir l'audience des campagnes d'influenceurs.

Augmentez la portée en utilisant les publicités Facebook pour promouvoir le contenu de marque partagé par l'influenceur. Vous ne pouvez pas garantir que tous verront chaque élément du contenu publié par un influenceur Facebook de ses followers. Il est difficile d'atteindre votre public cible de manière organique en raison de la surabondance de flux et d'un algorithme en constante évolution. Vous pouvez cibler votre public préféré, l'optimiser pour votre objectif spécifique et obtenir des informations sur la campagne en boostant le contenu des influenceurs à l'aide de publicités Facebook. Vous pouvez automatiser l'ensemble de la procédure si vous utilisez un service comme Sendinblue. Créez des publicités personnalisées, identifiez une population cible, configurez les paramètres et accédez aux données à l'aide de la boîte à outils de vente et de marketing. L'utilisation de la plateforme pour lancer une publicité d'influenceur peut vous aider à atteindre un public plus large. Sendinblue vous permet d'être là où se trouvent vos consommateurs, que ce soit sur Facebook, par e-mail, par SMS ou par chat. À partir de votre CRM, vous pouvez suivre chaque interaction avec le client et développer des partenariats.

3. Partager des expériences grâce à Facebook Live.

Vous avez probablement entendu dire que les vidéos Facebook sont un type de contenu populaire. Mais les vidéos en direct de la plateforme sont encore plus captivantes. Selon Facebook, les consommateurs passent trois fois plus de temps à regarder des flux vidéo en direct qu'à regarder des vidéos standard. Donc, si vous voulez utiliser les influenceurs de Facebook pour engager votre public cible, demandez à vos influenceurs d'aller en direct. Les influenceurs peuvent partager leurs expériences avec votre entreprise ou votre produit sur Facebook Live. Ils peuvent s'enregistrer en train d'utiliser ou de tenter d'utiliser vos produits pour la première fois. Ils peuvent diffuser une vidéo en direct de leur visite dans votre magasin ou d'un événement en direct que vous avez organisé. Facebook Live peut être utilisé de diverses manières dans votre stratégie de marketing d'influence sur Facebook.

Les producteurs du jeu vidéo Best Friends, par exemple, se sont associés à des personnalités influentes comme Laura Clery, qui compte plus de 3 millions d'amis sur Facebook. Laura a utilisé des flux en direct pour interagir avec ses fans et leur montrer comment jouer au jeu. Mais elle et son conjoint ont également suivi sa trame habituelle en incarnant Pamela et Roger, des personnages de ses vidéos précédentes. Ils ont réussi à garder les choses légères et divertissantes tout en faisant de la publicité pour le jeu. À ce jour, la vidéo a suscité 9 000 commentaires et 8 300 réactions. Elle a également été partagée plus de 800 fois. Elle démontre que l'influenceur a pu mobiliser efficacement un grand nombre de personnes grâce à la diffusion Facebook Live.

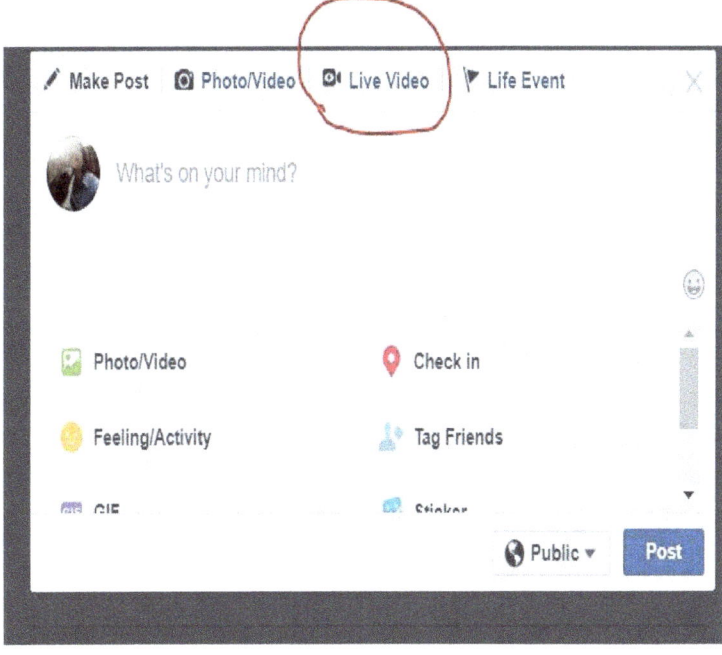

4. Campagne de promotion croisée à partir d'autres plateformes.

Même si vous avez eu du succès avec le marketing d'influence sur d'autres plateformes, Facebook vous permet d'augmenter encore plus les performances de votre campagne. Peut-être avez-vous déjà mis en place une campagne dans laquelle les influenceurs rédigent un article de blog sur vos articles. Vous pouvez également leur demander de promouvoir le matériel sur Facebook pour en augmenter la portée. C'est ainsi que les influenceurs de Minnie & Maxxie ont amélioré les performances de la campagne de notoriété de la marque. Dans une étude de cas, Scrunch a découvert que la promotion croisée de la campagne sur de nombreux canaux a entraîné des niveaux d'engagement et d'exposition importants. Un accès exclusif aux articles de la marque avait été accordé à quelques influenceurs de la mode et du style. Ces influenceurs Instagram ont contribué à faire connaître la nouvelle gamme de produits. Ils ont toutefois fait une promotion croisée du contenu sur Facebook pour augmenter la portée et l'engagement. Voici un exemple de post réalisé par les blogueuses jumelles de When Words Fail, Nicole et Danielle. La marque a collaboré avec 19 influenceurs, qui ont chacun posté des images des articles de la firme avec leurs followers Instagram et Facebook. Le matériel des influenceurs a généré environ 18 500 engagements directs pendant la campagne. La campagne a pu atteindre un total de 333 445 personnes, grâce à Facebook.

5. Défendre une cause.

Pour une bonne raison, le marketing de cause est l'une des tactiques de marketing les plus populaires auprès des entreprises. Une marque qui s'engage pour une cause permet de l'humaniser. C'est une technique qui permet de montrer à votre public que vous vous sentez concerné par des préoccupations spécifiques, qu'elles soient sociales, politiques ou environnementales. L'inclusion d'un influenceur dans votre effort de marketing de cause améliore encore plus son efficacité. Ainsi, si vous prévoyez une campagne de marketing d'influenceurs sur Facebook, demandez-lui de promouvoir une cause à laquelle vous croyez. Parce qu'il pouvait jouer le rôle d'un influenceur, Joseph Gordon-Levitt a trouvé plus facile d'exécuter une campagne de marketing de cause d'influenceur pour sa marque, Hit Record. Hit Record s'est associé à Find Your Park, une organisation à but non lucratif qui se consacre à la préservation des parcs nationaux américains. En développant des produits de marque, Hit Record a aidé la cause. Les produits ont ensuite été promus sur la page de Joseph Gordon-Facebook Levitt. Ce faisant, il contribue à la promotion de la cause tout en présentant son entreprise comme un partisan de la cause.

6. Raconter des histoires à l'aide de vidéos.

Sur Facebook, la consommation de contenu vidéo est en hausse, ce qui rend les vidéos idéales pour exprimer le récit de votre marque par le biais des influenceurs. Selon TechCrunch, les utilisateurs de Facebook regardent en moyenne 8 millions de vidéos par jour. Selon Recode, les gens regardent 100 millions d'heures de vidéos Facebook par jour.

Elle démontre l'importance du contenu vidéo dans l'engagement des utilisateurs de Facebook. Un excellent exemple est l'étude de cas de Viral Nation sur un effort de marketing d'influence de Crayola. L'objectif de la campagne était de susciter l'intérêt avant le lancement du nouveau pulvérisateur de marqueurs aériens Crayola. Crayola a collaboré avec des influenceurs de médias sociaux pour créer des vidéos qui racontaient différentes histoires. Alors que certains influenceurs ont développé des films démontrant comment utiliser le produit, d'autres ont ajouté une touche d'humour au contenu. Par exemple, Your Everyday Canadian a réalisé une vidéo amusante dans laquelle il utilise le pulvérisateur pour gagner de l'argent pour une pizza. Cette vidéo a suscité environ 800 réactions et a été visionnée 577 000 fois. En outre, la campagne a suscité 4 millions d'engagements et 7,1 millions d'impressions.

Comment devenir un influenceur sur Facebook?

Vous pouvez devenir un influenceur Facebook en utilisant les stratégies suivantes:

- Améliorez l'optimisation de votre page Facebook.

- Identifiez votre domaine d'expertise.
- Sachez à qui vous vous adressez.
- Utilisez des supports intrigants et divertissants pour captiver votre public.
- Établissez un programme et respectez-le.
- Intéressez vos auditeurs à ce que vous dites.
- Suivez les dernières tendances des médias sociaux, comme les hashtags, les vidéos et les Instagram Stories.
- Observez les résultats de vos méthodes et faites des ajustements en fonction des données.

Followers, il serait utile que vous soyez un influenceur sur Facebook.

Avec tant de variables à prendre en compte, il n'existe pas de chiffre unique qui soit la bonne réponse pour chaque entreprise. Mais vous pouvez vous classer dans la catégorie des influenceurs en utilisant des caractéristiques générales spécifiques. Par exemple, considérez ce qui suit:

- Les personnes qui ont moins de 1 000 followers sont des nano-influenceurs.
- Il existe deux types de
- influenceurs : les micro (avec moins de 5 000 followers) et les macro (avec plus de 100 000).
- Par exemple, les artistes, chanteurs, acteurs et sportifs connus sont des exemples de méga-influenceurs.

Vous êtes prêt à vous lancer dans le marketing d'influence sur Facebook?

Pour une campagne de marketing d'influence sur Facebook, voici quelques-unes des meilleures stratégies pour travailler avec des influenceurs. Vous comprenez comment localiser les influenceurs idéaux avec lesquels collaborer et comment la campagne vous sera bénéfique. Il ne vous reste plus qu'à commencer à élaborer une stratégie pour mettre en place une campagne rentable de marketing d'influence sur Facebook.

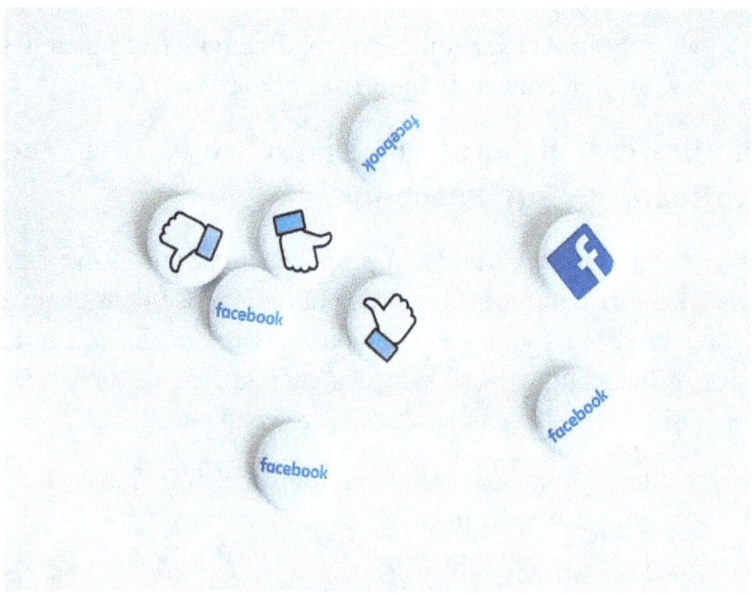

Comment trouver des influenceurs sur Facebook.

Maintenant que vous avez pris connaissance des avantages du marketing d'influence sur Facebook, il est temps de commencer à rechercher des influenceurs avec lesquels collaborer sur votre projet. Cependant, la découverte d'influenceurs sur Facebook est plus complexe que sur d'autres plateformes en raison des restrictions de contenu et des règles de confidentialité. Alors, quelle est la meilleure marche à suivre ? Pour faciliter votre recherche et trouver d'excellents influenceurs Facebook avec lesquels collaborer, suivez ces conseils:

1. Recherche de mots-clés sur Facebook.

Si vous utilisez Facebook pour effectuer votre recherche, vous devez rechercher des pages plutôt que des comptes individuels. Quelle en est la raison ? Tout le monde doit pouvoir accéder rapidement au contenu de l'influenceur pour que votre campagne ait l'impact le plus important. Et les paramètres de confidentialité des comptes individuels peuvent rendre cela difficile. Choisissez des termes pertinents liés à votre entreprise, à votre produit ou à votre secteur d'activité pour trouver des influenceurs pour le marketing d'influence sur Facebook.

Considérons le scénario suivant:

Vous pouvez utiliser des expressions telles que "parentage", "parent", "mère", etc. pour promouvoir vos produits auprès de parents influents sur les médias sociaux. Cependant, comme vous pouvez le voir dans la capture d'écran ci-dessous, il n'y a pas beaucoup de personnes influentes en haut des résultats de recherche pour les pages parentales. Bien que certaines marques continuent de s'engager auprès de ces pages puissantes, vous préférez peut-être un impact plus personnel, en tête-à-tête. Si c'est le cas, vous pouvez réduire encore plus les résultats en choisissant l'option "artiste, groupe de musique ou personnalité publique". Vous obtiendrez des résultats plus précis pour les auteurs de guides d'éducation et les experts en éducation si vous procédez ainsi.

2. Médias quatre étoiles.

Four-star Media est un autre outil permettant de trouver des influenceurs Facebook. Vous pouvez rechercher les meilleurs influenceurs Facebook en filtrant les résultats par la plateforme sur la plateforme. Affinez votre recherche en fonction de la portée de l'influenceur, du taux d'engagement, du type d'audience et de la fréquence de publication de l'influenceur pour obtenir une liste plus précise. En outre, la plateforme d'influenceurs vous fournit des rapports sur les influenceurs qui révèlent si le contenu de l'influenceur est pertinent pour votre entreprise. Vous pouvez également comparer les influenceurs Facebook en fonction de caractéristiques telles que l'utilisation des hashtags, les likes, les campagnes traitées et les followers. Grâce aux recherches illimitées d'influenceurs de Four-star Media, vous pouvez réduire vos résultats à un influenceur Facebook qui a le bon nombre de followers et qui correspond à votre entreprise. Leur tableau de bord comprend également des projections des performances de la campagne, telles que la valeur médiatique estimée de l'influenceur et les estimations du retour sur investissement.

3. Sprout Social.

Utilisez Sprout Social pour gérer vos efforts en matière d'influenceurs sur Facebook. Vous pouvez utiliser le site pour trouver des influenceurs dans votre domaine et les contacter. Vous pouvez suivre ce que font les influenceurs Facebook de la campagne, surveiller des hashtags spécifiques et garder un œil sur les mentions. En ajoutant des tags individuels pour la campagne, Sprout Social vous permet de suivre ce que l'influenceur partage. Le rapport sur les tags peut ensuite être utilisé pour connaître les performances de la campagne sur Facebook. Le nombre de messages envoyés, les impressions, les engagements, les modèles de croissance et les clics font partie des statistiques que vous recevrez. La boîte de réception Sprout Smart permet également d'observer facilement les discussions des gens avec divers hashtags. Faites également attention aux allusions particulières. Vous pouvez voir combien d'argent les influenceurs gagnent pour une campagne en leur donnant des codes d'affiliation ou des liens de suivi.

Ce sont quelques-unes des méthodes les plus efficaces pour localiser les influenceurs Facebook pour votre stratégie de marketing d'influence. Si la recherche d'influenceurs est trop longue pour vous, vous pouvez faire appel à des entreprises de marketing d'influence. Ces sociétés peuvent vous mettre en relation avec certains des meilleurs influenceurs et les plus pertinents pour votre entreprise. Elles effectueront les recherches et la communication nécessaires pour que vous puissiez mener une campagne réussie.

4. Utilisation de HYPR.

La recherche manuelle d'influenceurs Facebook peut prendre beaucoup de temps. Mais c'est nécessaire si vous avez un budget serré et ne pouvez pas vous permettre d'acheter un outil. HYPR, en revanche, est une belle alternative si vous pouvez vous permettre d'investir un peu d'argent dans des techniques efficaces de marketing d'influenceurs. L'avantage de HYPR est qu'il ne se contente pas de suivre les données Twitter d'un influenceur. Il va également tirer des informations sur l'influenceur à partir d'autres plateformes de médias sociaux, comme Facebook. Par conséquent, vous n'aurez aucun mal à trouver des personnes pertinentes sur Facebook ayant beaucoup de pouvoir sur la plateforme. HYPR affichera le nombre de followers Facebook de l'influenceur, comme le montre la capture d'écran ci-dessous. Il affichera également le nombre de likes, de commentaires et de partages qu'il reçoit sur la plateforme. L'application fournit également une analyse démographique de l'audience de l'influenceur. Il est ainsi beaucoup plus facile de localiser les influenceurs qui correspondent à votre marché cible.

5. Piscine d'observation.

Un autre excellent outil pour repérer les influenceurs sur tous les canaux de médias sociaux est le pool Insight. Grâce à cet outil, vous pouvez localiser les influenceurs de Facebook et obtenir une image complète de leur activité sur les médias sociaux. Il vous permettra de réduire le nombre d'influenceurs en fonction du type de contenu qu'ils produisent et partagent. L'outil affiche tous les thèmes dans lesquels l'influenceur se spécialise, comme le montre la capture d'écran ci-dessous. Vous pourrez également voir les entreprises avec lesquelles il a travaillé par le passé et comment il a contribué à l'exécution de la campagne. Ce sont là quelques-unes des méthodes les plus efficaces pour trouver des influenceurs Facebook pour votre stratégie de marketing d'influence. Si la recherche d'influenceurs est trop longue pour vous, vous pouvez faire appel à un service de marketing d'influence. Ces entreprises peuvent vous mettre en relation avec certains des meilleurs influenceurs et les plus pertinents pour votre entreprise. Elles effectueront les recherches et la communication nécessaires pour que vous puissiez mener une campagne réussie..

Conclusion :

De tous les réseaux de médias sociaux, Facebook est celui qui exerce l'influence la plus importante sur les clients. En termes d'influence sur les achats, Facebook a surpassé les autres sites web. (Image reproduite avec l'aimable autorisation de The Manifest). Selon une nouvelle étude, les utilisateurs de Facebook sont plus susceptibles d'acheter aux marques qu'ils suivent que les utilisateurs des sept autres réseaux sociaux évalués. Cela s'explique par le fait que les médias sociaux ont amélioré la capacité des entreprises à communiquer avec leurs clients et vice-versa. Parce qu'il est le plus populaire et qu'il réussit à accroître la reconnaissance des marques, Facebook est susceptible d'être le canal le plus fructueux.

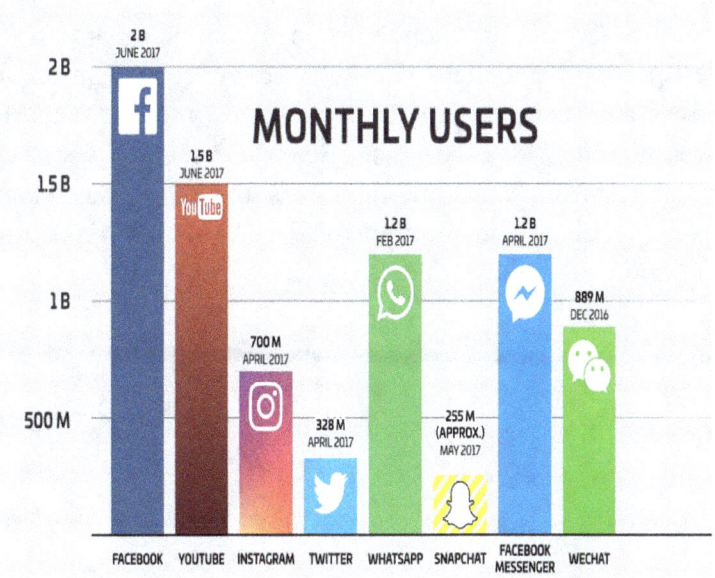

Selon une nouvelle enquête publiée par The Manifest, les consommateurs choisissent d'acheter des biens en fonction des entreprises qu'ils suivent sur Facebook plutôt que sur YouTube, Twitter, Snapchat, Reddit, Pinterest, LinkedIn et Instagram réunis. Dans cette étude, 52 % des personnes interrogées (près de 500 utilisateurs américains de médias sociaux) ont déclaré avoir acheté quelque chose en fonction de ce qu'ils ont vu sur la plateforme de Zuckerberg, contre 48 % qui ont déclaré avoir acheté quelque chose en fonction de ce qu'ils ont vu sur d'autres sites. On suppose que cela est dû au statut de réseau social bien établi de Facebook. Plusieurs générations l'ont utilisé, et ses algorithmes de ciblage ne semblent pas avoir nui à la situation. En général, les médias sociaux peuvent mettre en relation les utilisateurs et les marques. Les individus semblent de plus en plus interagir avec les structures des entreprises de diverses manières. Il s'agit notamment, selon les rapports, de liker des publications de marques (51 %), de mentionner des noms de marques sur des profils personnels (22 %), d'envoyer des messages privés aux marques (20 %) et de les mentionner dans des tweets (20 %). (18 %). Selon The Manifest, ces comportements font que les consommateurs se sentent "plus proches" des entreprises, ce qui les rend plus susceptibles d'acheter auprès d'elles.

Ce livre fait partie d'une collection en cours intitulée "Social Media Influence."

1. Augmenter votre influence sur les médias sociaux sur Facebook.
2. Augmentez votre influence sur les médias sociaux sur YouTube.
3. Augmentez l'influence de vos médias sociaux sur WhatsApp.
4. Augmenter votre influence sur les médias sociaux sur Instagram.
5. Augmenter votre influence sur les médias sociaux sur TikTok.
6. Augmentez votre influence sur les médias sociaux sur Snap Chat.
7. Augmentez votre influence sur les médias sociaux sur Reddit.
8. Augmentez votre influence sur les médias sociaux sur Pinterest.
9. Augmentez votre influence sur les médias sociaux sur Twitter.
10. Augmentez votre influence sur les médias sociaux sur LinkedIn.

Veuillez consulter Amazon pour d'autres livres de cette collection.

Biographie de l'auteur

Aaron Cockman. Aaron aime lire et en savoir plus sur la rentabilité des médias sociaux. Elle a donc décidé d'écrire sur un sujet qui la passionne. D'autres livres viendront s'ajouter à cette collection, alors suivez-la sur Amazon pour en savoir plus.

Merci d'avoir acheté ce livre.

Je vous en remercie sincèrement et je vous apprécie, vous, mon excellent client.

Que Dieu vous bénisse.

Sherry Lee.